Gran Canaria

Izabella Gawin

Gran Canaria

36 ausgewählte Wanderungen
an den Küsten und im zentralen Bergland

Mit 62 Farbfotos, 36 Wanderkärtchen im Maßstab 1:50.000 / 1:75.000
sowie einem Übersichtskärtchen im Maßstab 1:500.000

BERGVERLAG RUDOLF ROTHER GMBH · MÜNCHEN

Umschlagbild:
El Carrizal, ein abgeschiedenes Bergdorf im Zentrum der Insel.

Bild gegenüber dem Titel (Seite 2):
Agave, Guanil und Wolfsmilch säumen die Wege des Südens.

Alle Fotos von Dr. Dieter Schulze.

Kartographie:
Wanderkärtchen im Maßstab 1:50.000 und 1:75.000 sowie
Übersichtskarten im Maßstab 1:500.000 und 1:1.000.000

Die Ausarbeitung aller in diesem Führer beschriebenen Wanderungen erfolgte nach bestem Wissen und Gewissen der Autorin. Die Benützung dieses Führers geschieht auf eigenes Risiko. Soweit gesetzlich zulässig, wird eine Haftung für etwaige Unfälle und Schäden jeder Art aus keinem Rechtsgrund übernommen.

1. Auflage 1997

ISBN 3-7633-4000-9

Druck und Bindung: Rother Druck GmbH, München (61110)

Danksagung

Wir danken dem Spanischen Fremdenverkehrsamt in Frankfurt für die bereitwillige Unterstützung.

Von vielen Mitarbeitern des Cabildo, der Inselregierung Gran Canarias, erhielten wir wertvolle Anregungen, ebenso von Rigoberto Perera im Patronato de Turismo.

Sebastian Suárez, der Direktor des Berghotels in Los Berrazales, machte uns mit der Schönheit des Agaete-Tals vertraut.

Hilfreich mit Rat und Tat beiseite standen uns Fernando Alba und Wolfgang Größl.

Vorwort

Gran Canaria hat mehr zu bieten als Sonne, Strand und Meer. Kenner preisen sie als »Miniaturkontinent«: Flirrende Dünenfelder kontrastieren mit subtropisch-üppigen Tälern, ausgedörrte Barrancos mit Palmenoasen und glitzernden Stauseen. Daneben finden sich ausgedehnte Kiefernwälder, sattgrüne Hänge, auf denen Schafe und Ziegen weiden. Im Nordwesten stürzen Klippen 800 m zum Meer hinab, im Zentrum erheben sich gezackte Bergkämme und bizarre Monolithen. Vom Gebirgsmassiv war der spanische Schriftsteller Miguel de Unamuno so begeistert, daß er ihm ein literarisches Denkmal setzte. Wie gebannt stand er vor dem Bild der zerklüfteten Berge und Schluchten und deutete, was er sah, als »versteinertes Gewitter aus Feuer und Lava«.

Wanderer dürfen frohlocken: Ein Teil des Wegenetzes, das die Insel umspannt, wurde in den vergangenen Jahren mit Hilfe der Europäischen Gemeinschaft sorgfältig restauriert. Von vielen dieser Pfade heißt es, sie seien über 500 Jahre alt: unmittelbar nach der Conquista wurden sie angelegt, um abgelegene Bergdörfer mit der Küste zu verbinden. Da sie aus der Kasse des Königshauses finanziert wurden, trugen sie die Bezeichnung Caminos Reales (Königliche Wege). Sie waren steingepflastert und breit genug, um von Bauern mit ihrem Maultier begangen zu werden. Bald nutzten auch fliegende Händler und Boten die Wege, Pilger wanderten auf ihnen zu den Wallfahrtsorten Teror und San Bartolomé.

Zu den vorgestellten Touren dieses Buches gehören Wanderungen zu Stränden und spektakulär gelegenen Höhlendörfern, Spaziergänge durch Kiefernwald sowie romantische, über die Wolken hinausführende Kammwege. Von atemberaubenden Aussichtspunkten blickt man auf die zerklüftete Bergwelt hinab, legt an Picknickplätzen eine gemütliche Rast ein. Man kommt an altkanarischen Kultstätten vorbei, begegnet Hirten und ihren Ziegenherden, kauft auf Bauernhöfen einheimischen Käse. Auf vielen Wegen wird man nur selten Menschen begegnen – es überrascht, daß eine relativ kleine Insel wie Gran Canaria so viel Abgeschiedenheit bietet.

Alle Wanderpfade wurden in diesem Jahr aktuell begangen, um verläßliche Informationen über die Wege liefern zu können. Durch Waldbrand, Straßenbau und nicht zuletzt das stete Werk der Natur treten jedoch ständig Veränderungen ein. Aus diesem Grund bitten wir Sie, dem Verlag alle Korrektur- und Ergänzungshinweise zukommen zu lassen.

Wir wünschen Ihnen schöne und erlebnisreiche Urlaubstage auf der »Insel des ewigen Frühlings«!

Bremen, im Herbst 1996 — Dr. Izabella Gawin

Inhalt

Touristische Hinweise

Zum Gebrauch des Führers

Den einzelnen Tourenvorschlägen sind die wichtigsten Informationen wie Gehzeit und Weglänge, Anfahrt und Schwierigkeitsgrad steckbriefartig vorangestellt. Das Stichwort ›Varianten‹ enthält Hinweise auf attraktive Kurz- und Langwanderungen, klärt darüber auf, mit welchen anderen im Buch beschriebenen Touren sich die Route kombinieren läßt.
Auf eine Kurzcharakteristik folgt die ausführliche Beschreibung des Wegverlaufs, zusätzliche Hilfe bieten die farbigen Wanderkärtchen im Maßstab 1:50.000. Im Stichwortverzeichnis am Schluß des Buches werden alle behandelten Wanderziele, aber auch Ausgangs- und Stützpunkte sowie Picknickplätze und Aussichtsplateaus angeführt. Auf der Umschlag-Rückseite und auf Seite 24/25 geben Übersichtskarten Auskunft über die Lage der einzelnen Wanderungen.

Anforderungen

Die meisten Wanderungen verlaufen auf deutlichen Wegen und sind auch weniger geübten Wanderern zu empfehlen. Auf vielen Wanderungen ist freilich ein beträchtlicher Höhenunterschied zu bewältigen, so daß diese eine gute Kondition, oft auch Trittsicherheit erfordern. Hinzu kommt, daß die Wege auf Gran Canaria nicht markiert sind und keinerlei Hinweis- und Entfernungsschilder die Orientierung erleichtern. Einzig auf den restaurierten Pfaden geben Steinmäuerchen an unübersichtlichen Stellen Auskunft über den weiteren Verlauf der Wanderung. Um die jeweiligen Anforderungen besser einschätzen zu können, wurden im vorliegenden Band die Tourenvorschläge (Tourennummern) mit verschiedenen Farben markiert:

BLAU Diese Wege sind überwiegend breit, haben ein nur schwaches Gefälle und sind auch bei Schlechtwetter gefahrlos zu begehen.

ROT Diese meist breiten und gut begehbaren Wege sind aufgrund des zu bewältigenden Höhenunterschieds zeitweise anstrengend.

SCHWARZ Diese Steige sind über weite Strecken schmal, oft auch steil angelegt. Sie sind stellenweise ausgesetzt, sollten deshalb nur von trittsicheren und konditionsstarken Wanderern begangen werden.

Gefahren

Bei plötzlichem Wolkenaufzug ist die Sicht binnen weniger Minuten eingeschränkt, was den Wanderer vor erhebliche Orientierungsprobleme stellen kann. Stürme und starke Regengüsse sind auf Gran Canaria zwar selten, können aber in den Wintermonaten unverhofft auftreten. Unbefestigte Pfade drohen sich dann in abrutschgefährdete Wasserrinnen zu verwandeln, Steinschlag ist an solchen Tagen keine Seltenheit.

Auf dem Weg zum Strand von Güi Güí.

Vor Weilern oder einzelstehenden Gehöften mag unerwartetes Hundegebell den Wanderer erschrecken. Meist sind die Tiere angeleint; kläffenden, frei herumlaufenden Hunden schaut man nicht in die Augen, für Abschreckung sorgen Stock und Stein in der Hand des Wanderers. Bei gefährlichen Hunden ist der Einsatz von Dog-Dazern zu empfehlen. Diese leichtgewichtigen Ultraschallgeräte wehren Tiere ab, ohne sie zu verletzen.

Beste Jahreszeit

Gran Canaria ist ein Ganzjahres-Wanderziel – in den Monaten November bis März ist das Wetter jedoch nicht ganz so stabil wie im Sommer. An 2-3 Tagen fallen Niederschläge als Schnee, dies aber nur oberhalb einer Grenze von etwa 1400 Metern.

Rast oberhalb des Stausees Los Pérez.

Ausrüstung
Festes Schuhwerk mit griffiger Sohle, strapazierfähige Hose, Sonnencreme, Regen-, Wind- und Kälteschutz sowie ein Tourenproviant (reichlich Flüssigkeit!) werden bei den meisten Touren vorausgesetzt. Bestes Spezialgeschäft für Wanderausrüstung auf Gran Canaria ist ›Deportes Tacoronte‹ in Las Palmas (Pio XII 67, ✆ 242167). Dort erhält man auch Informationen über die Aktivitäten des kanarischen Bergsteigervereins.

Karten und Führer
Die den einzelnen Wandervorschlägen beigegebenen Wanderkärtchen mit Routeneintragungen (Maßstab 1:50.000) sind ein wesentlicher Bestandteil des Führers. Allen, die sich eine zusätzliche Karte kaufen wollen, sei die Straßen- und Wanderkarte von Freytag & Berndt empfohlen. Sie ist aktuell und bietet eine gute Geländedarstellung. Unter den Reiseführern kann das ›Gran Canaria Handbuch‹ vom Verlag Reise-Know-How empfohlen werden. Wer sich für die Geschichte der Insel interessiert, greift zu der von der Autorin verfaßten Studie ›Insula Fortunata: Gran Canaria vom Spätmittelalter bis zur Gegenwart‹ (Edition Temmen). Liebhaber der Botanik werden fündig bei Günther Kunkel: ›Die Kanarischen Inseln und ihre Pflanzenwelt‹ (Gustav Fischer Verlag).

Gehzeiten
Die Zeitangaben enthalten nur die reine Gehzeit – ohne Rast- oder Fotopausen! Bei längeren Touren werden auch die Zeiten für einzelne Etappen aufgeführt.

Einkehr und Unterkunft
Auch außerhalb der im Süden gelegenen Touristenzentren gibt es eine große Zahl von Einkehr- und Übernachtungsmöglichkeiten (siehe Seite 21). Im Vorspann zu den einzelnen Tourenbeschreibungen ist nachzulesen, wo man sich unterwegs verpflegen kann und wo Unterkünfte bereitstehen. Für Wanderer besonders geeignet sind die Unterkünfte in Los Berrazales, Artenara und Tejeda.

Anfahrt
Viele der in diesem Führer vorgestellten Wanderungen können mit öffentlichen Verkehrsmitteln erreicht werden, manchmal jedoch ist die Anfahrt mit dem Pkw unerläßlich. Den Busfahrplan für die wichtigsten Strecken finden Sie vor dem Tourenteil, weitergehende Informationen zur Anfahrt werden bei den einzelnen Tourenvorschlägen gegeben. Das Mieten eines Wagens ist problemlos: Verleihfirmen gibt es am Flughafen und in Las Palmas, in den Touristenzentren des Südens, vereinzelt auch in kleineren Orten wie Agaete und La Aldea de San Nicolás.

Tips für Strecken- und Weitwanderer
Zahlreiche Tourenvorschläge sind als Streckenwanderungen konzipiert, deren Endpunkt weitab vom Ausgangspunkt liegt. Hier empfiehlt es sich, entweder die öffentlichen Verkehrsmittel (Bus, Taxi) in Anspruch zu nehmen oder aber sich mit einem anderen Pkw-Wanderer zusammenzutun: Man läßt sich zu festgelegter Zeit an einem verabredeten Punkt abholen oder tauscht unterwegs die Fahrzeugschlüssel aus, um mit dem Wagen des Bekannten zurückzukehren.
Weitwanderer finden auf Gran Canaria hervorragende Kombinationsmöglichkeiten – dabei empfiehlt sich die Mitnahme eines Schlafsacks. Hier einige Vorschläge, die durch Touren und Varianten dieses Führers komplett abgedeckt sind: Cruz de Tejeda – Artenara – Tal von Agaete (1 Tag), Artenara – Fontanales – Teror (1 Tag), Tejeda – Pico de las Nieves – San Mateo/Valsequillo/Santa Lucía (1-2 Tage), Tejeda – Mogán (1-2 Tage), Tejeda – Soria – San Bartolomé – Maspalomas (2 Tage), Agüimes (Barranco de Guayadeque) – Pinos de Gáldar – Guía (2-3 Tage), San Andrés – Teror – Cruz de Tejeda – Maspalomas (Nord-Süd-Durchquerung, 3 Tage).

Natur und Umweltschutz
Respektieren Sie bitte alle Pflanzen und Tiere, lassen Sie keine Abfälle zurück, werfen Sie nicht unachtsam Zigarettenkippen weg und machen Sie kein offenes Feuer – Waldbrände sind im Zentrum der Insel keine Seltenheit.

Wandern auf Gran Canaria

Die Insel – ein Miniaturkontinent

Gran Canaria ist ein landschaftlich kontrastreicher Miniaturkontinent mit frühlingshaften Temperaturen und einem stets gemäßigten Klima. Die Atlantikinsel ist 1532 km^2 groß, 47 km lang und 55 km breit. Sie liegt auf dem 28. Breitengrad, über 1000 km südlich von Gibraltar, aber nur 350 km von der westafrikanischen Küste entfernt. Die Mehrzahl seiner 716.000 Einwohner lebt im Nordosten in der Hauptstadt Las Palmas, stark besiedelt ist auch der flache und verkarstete Osten. Die Touristikzentren konzentrieren sich auf den wenige Kilometer breiten Küstensaum im Süden, der sich von Bahía Feliz über Playa del Inglés bis Puerto de Mogán erstreckt.

Abseits der Touristenströme beginnt das ›andere‹ Gran Canaria. Seine aufregende Oberflächenstruktur erschließt sich am besten aus der Vogelperspektive. Von der Cumbre, dem fast 2000 m hoch aufragenden zentralen Gebirgsmassiv, senken sich Schluchten nach allen Seiten zur Küste hinab – durch Einkerbungen und Täler sind sie miteinander vernetzt. Geologisch und klimatisch ist die Insel zweigeteilt. Gen Süden erscheint die Landschaft wild-zerklüftet, gen Norden weist sie ein sanfteres Relief auf. Nördlich des Bergkamms, der sich vom Morro de la Armonía über den Moriscos zum Tamadaba-Massiv erstreckt, regiert der feuchte Passat, südlich dieser Linie ist es meist sonnig und trocken.

Palmenfrüchte und eßbare Kaktusfrüchte.

Kieferngekrönte Almwiesen.

Vulkanismus

Gran Canaria ist vulkanischen Ursprungs: Vor 14 Millionen Jahren führten Eruptionen im Atlantikboden zur Ausbildung einer kegelförmigen Insel. Der Vulkanschlot, durch den das Magma nach außen geschleudert wurde, bildete einen Hohlraum, in den die Spitze des Vulkankegels einsackte und dabei eine steilwandige Vertiefung in Form eines Kessels erzeugte. Für diese geologische Formation hat sich der Ausdruck *Caldera* (Einsturzkrater) eingebürgert. Infolge späterer vulkanischer Eruptionen wurde der Krater mit Auswurf- und Ergußmaterial aufgefüllt, so daß eine Art Gebirgsplateau entstand. Jahrtausende vergingen, bis durch den Einfluß von Regen und Wind die frühere geologische Gestalt wieder freigelegt war.

Vegetation

Gran Canaria besitzt verschiedenartige Vegetationszonen, die von der Höhenlage wie von den klimatischen Bedingungen abhängen. Entsprechend vielseitig ist die Flora, die zahlreiche Endemiten (ausschließlich auf den Kanarischen Inseln vorkommende Pflanzen) hervorgebracht hat.
Die Flora des Nordens steht unter dem Einfluß des feuchten Passats; im Süden dagegen mußten sich die Pflanzen extremer Trockenheit anpassen. Je nach Höhenlage lassen sich drei Vegetationsstufen unterscheiden. In der trocken-warmen Küstenregion gedeihen Strandflieder, Wucherblume und Meerestraube, sämtlich angewiesen auf die salzhaltige Brise des Meeres.

Landeinwärts entdecken wir kanarische Palmen, vereinzelt auch Drachenbäume aus der Familie der Liliengewächse. Unter den strauchartigen Euphorbien ist auf Gran Canaria vor allem die Kandelaberwolfsmilch verbreitet. Ihr Name verweist auf gefährlich-ätzenden Saft, mit dem man nicht in Berührung kommen sollte; in stark verdünnter Form wurde er früher als Rausch- und Abführmittel genutzt. Angenehmer ist der Kontakt mit der kanarischen Zitronenstaude. Sie verbreitet intensiven Minz- und Anisgeruch, aus ihren Blüten und Blättern wird eine Tinktur gewonnen, mit der sich die Haarpracht stärken läßt. »Mit Zitronenstaude, Rosmarin und Thymian«, lautet eine kanarische Spruchweisheit, »wachsen die Haare bis auf die Fußknöchel.«
Der dichte Lorbeerwald, der im 15. Jh. noch weite Teile des Nordens bedeckte, fiel der wirtschaftlichen Erschließung nach der Conquista zum Opfer: sein Holz wurde als Brennstoff in der entstehenden Zuckerindustrie benötigt. Heute finden sich Lorbeerhaine nur noch im Barranco de los Tilos (bei Moya), im Barranco de Azuaje (südlich San Andrés) und im Barranco de la Virgen (bei Firgas). Der Kiefernwald dagegen hat sich dank der Wiederaufforstungen in den 40er und 50er Jahren auf Gran Canaria neu beleben können. Die kanarische Kiefer gilt als besonders resistent, ihre dicke Rinde schützt sie vor Frost und Feuersbrunst. Wir finden sie an den Hängen der über 900 m hohen Berge, die häufig von Wolken eingehüllt sind. Oberhalb der Wolken wird der Baumbestand lichter, im Umkreis des knapp 2000 m hohen ›Schneegipfels‹ (Pico de las Nieves) behaupten sich Gestrüpp und windgepeitschter Ginster. Auch ein bekannter Lippenblütler gedeiht hier, aufgrund seiner weißsamtenen Blätter wird er ›Kanarisches Edelweiß‹ genannt.

Tierwelt

Eine gute Nachricht für Bergwanderer: Auf Gran Canaria gibt es keine giftigen Schlangen und auch keine Skorpione. Rascheln am Wegesrand signalisiert die Nähe harmloser Eidechsen und Geckos. Zu den endemischen Arten zählen die bis zu 50 cm große Riesenechse (Gallotia simonyi stehlini), der fast transparente Kanarengecko (Tarentola boettgeri) sowie der Gran-Canaria-Skink (Chalcides sexlineatus) mit braun-schwarzem oder grün-blauem Schwanz.
Einsame Kreise hoch oben über den Gipfeln ziehen Turmfalke, Mäusebussard und Kolkrabe. In den Kiefernwäldern von Inagua-Pajonales und Tamadaba sieht man den gelb-grünen Kanarienvogel (Serinus canaria), mit rötlichem Kopf und Bauch präsentiert sich der Kanarische Buntspecht (Dendrocopos major thanneri). Nur selten noch begegnen wir dem blaugefiederten Kanaren-Buchfink (Fringilla teydea) – diese weltweit einmalige Spezies ist vom Aussterben bedroht. Vor allem im Westen und Zentrum der Insel ist das Rothuhn (Alectoris rufa intercedens) beheimatet; es wurde wahrscheinlich eingeführt und lebt vorzugsweise in trockenen Schluchten.

Nationalpark und Naturschutzgebiete

Der Parque Nacional wurde 1996 ins Leben gerufen. Mit 20.000 ha zählt er zu den größten Spaniens. Er umschließt weite Teile des Inselwestens, u.a. das Bergmassiv des Tamadaba (Tour 2, 6 und 7) und die Kiefernwälder der Region Inagua-Pajonales (Tour 31). Zu den interessantesten geologischen Formationen des Nationalparks gehören der bizarr geformte Einbruchskessel von Tejeda (Tour 19-23) sowie die Steilküste von Andén Verde (Tour 5).
In den 17 Naturschutzgebieten (Parajes Naturales) sind die Schutzmaßnahmen weniger streng, hier darf noch gejagt und geweidet werden. Die Inselregierung hat eine Reihe von Informationsstellen eingerichtet, in denen Kultur der Altkanarier, Flora und Fauna sowie die geologische Entstehung Gran Canarias illustriert werden. Im Rahmen der Wanderungen dieses Führers können folgende Ausstellungsorte besucht werden:

- Museo de Cerámica, Lugarejos (Tour 10)
- Museo Mirador Hoya de Becerra (Tour 18, 19, 21)
- Museo de Guayadeque (Tour 26)
- Museo Bentaiga (Tour 28)

Picknickplätze

Die staatliche Forstbehörde ICONA (Instituto Nacional para la Conservación de la Naturaleza) hat im zentralen Gebirgsmassiv mehrere Picknickplätze eingerichtet. Sie sind mit Grillplätzen und Steinbänken, manchmal auch mit Wasserstellen ausgestattet. Die schönsten Picknickplätze befinden sich im Tamadaba (Tour 2, 6, 7) und am Stausee Cueva de las Niñas (Tour 30, 31, 32, 34).

Aussichtspunkte

Schöne Restaurants mit Panoramablick findet man im Parador Cruz de Tejeda und im Höhlenberg La Silla in Artenara. Neben den zahllosen natürlichen gibt es auch eine Reihe ›präparierter‹ Aussichtspunkte (spanisch: miradores). Sie sind mit dem Pkw erreichbar und werden oft auch von Wanderwegen berührt.

- Mirador Parador Cruz de Tejeda (Tour 1, 16, 18. 19)
- Mirador Degollada de las Palomas (Tour 1)
- Mirador Artenara (Tour 1-3, 10, 11)
- Mirador Degollada del Sargento (Tour 2, 4)
- Mirador de la Vuelta del Palomar (Tour 7)
- Mirador Pinos de Gáldar (Tour 11, 12)
- Mirador Pico Bandama (Tour 17)
- Museo Mirador Hoya de Becerra (Tour 18, 19, 21)
- Mirador La Goleta (Tour 19, 20, 23)
- Mirador Pico de las Nieves (Tour 25)
- Mirador Caldera de los Marteles (Tour 26, 27)
- Mirador Degollada de la Aldea (Tour 31)

Informationen und Adressen von A-Z

Anreise

Gran Canaria findet sich im Programm vieler Reiseveranstalter und wird von allen wichtigen Flughäfen Deutschlands, Österreichs und der Schweiz aus angeflogen. Es bestehen Fährverbindungen zum spanischen Festland (Cádiz) und zu allen übrigen Kanarischen Inseln.

Auskunft

Folgende Tourismusbüros geben Stadtpläne aus und informieren über kulturelle Veranstaltungen:

- Información Aeropuerto Gando, Terminal Internacional, Flughafen, ✆ 574058
- Patronato de Turismo, León y Castillo 17, Las Palmas, ✆ 362222
- Casa del Turismo, Parque Santa Catalina, Las Palmas, ✆ 264623
- Centro Insular de Turismo, Av. de España / Ecke Av. de los Estados Unidos, Playa del Inglés, ✆ 767848
- Patronato de Turismo, Centro Comercial, Puerto Rico, ✆ 560029

Autofahren und Mietwagen

Leihwagen sind relativ preiswert und können in fast allen größeren Orten, gegen Aufpreis auch bereits am Flughafen, angemietet werden. Die Inselstraßen sind kurvenreich, Nebenstraßen oft sehr schmal. Nach starken Regenfällen besteht auf den Straßen im Zentrum und Nordwesten Steinschlaggefahr.

Botanische Gärten

Ein lebendiges Museum kanarischer Flora ist der Botanische Garten bei Tafira, wo in einer landschaftlich reizvollen Umgebung ca. 500 endemische Pflanzenarten wachsen. Der ›Garten der Blumen‹ (Huerto de las Flores) in Agaete bewahrt exotische Vegetation aus aller Welt, in der Finca de Osorio bei Teror entfalten sich Pflanzen in einem großen Landschaftspark.

Camping

Gran Canaria verfügt über zwei offizielle Campingplätze. Der größere ist Campo Tauro im Südwesten der Insel: ein Teil liegt direkt am Strand, ein zweiter in einer grünen Oase 1,5 km taleinwärts (Anexo II). Wer eine kleine, in karger Wildnis gelegene Anlage bevorzugt, fährt nach Temisas im Süden der Insel.

- Camping Guantánamo, Carretera Puerto Rico – Mogán, Km 69, ✆ 560207 bzw. 562098 (Anexo II).
- Camping Temisas, Lomo de la Cruz, Carretera Santa Lucía-Agüimes (via Era del Cardón), Abzweigung Km 34.6, ✆ 798149.

Darüber hinaus gibt es attraktiv gelegene Campingzonen im Zentrum der Insel, wo nach vorheriger Genehmigung bei der Insel- bzw. der Provinzregierung kostenlos ein Zelt aufgestellt werden kann. Häufig gibt es auf diesen

Bauern beim Sonntagsplausch.

Anlagen einen Grillofen, doch nur selten Wasserbrunnen und sanitäre Anlagen. Die Genehmigungsprozedur ist umständlich: Man meldet den gewünschten Termin beim zuständigen Amt an (Mo-Fr 9-13 Uhr, Personalausweis nicht vergessen!), erhält die offizielle schriftliche Erlaubnis aber erst drei Tage später. Der Inselregierung unterstehen die Campingzonen in Corral de los Juncos und am Stausee Chira, der Provinzregierung 15 weitere Campingzonen nahe dem Tamadaba, bei Artenara und San Bartolomé sowie am Stausee Cueva de las Niñas. Anmeldung und Information über:

- Cabildo Insular de Gran Canaria, Medio Ambiente, Pérez Galdós 53, 35003 Las Palmas, ✆ 384165, Fax 367124 (Inselregierung)
- Gobierno de Canarias, Viceconsejería de Medio Ambiente, Juan XXIII, 2, 35004 Las Palmas, ✆ 248735, Fax 233339 (Provinzregierung)

Diebstahl

In den touristisch erschlossenen Orten des Südens sowie in Las Palmas ist die Kriminalitätsrate hoch. Prinzipiell sollte man in Leihwagen keinerlei Wertgegenstände zurücklassen.

Feste und Feiertage

Auf Gran Canaria wird das ganze Jahr über gefeiert – am ausgelassensten während des Karnevals von Las Palmas im Februar. Einige Wochen zuvor, meist bereits Ende Januar, wird in Tejeda das Mandelblütenfest begangen –

eine Woche später auch in Valsequillo. Auf altkanarische Tradition gehen die Volksfeste in San Pedro (Ende Juni), Agaete (Anfang August) und La Aldea de San Nicolás (September) zurück. Das Fest für die Schutzpatronin der Insel, die ›Jungfrau von der Kiefer‹, findet am 8. September in Teror statt.
Zu den wichtigsten Feiertagen zählen: 1. Januar, 6. Januar (Reyes), Gründonnerstag, Karfreitag, Ostern, 1. Mai, Pfingsten, Fronleichnam, 30. Mai (Día de Canarias), 25. Juli (Santiago), 15. August (Asunción), 12. Oktober (Día de la Hispanidad), 1. November, 6. Dezember (Día de la Constitución), 8. Dezember (Immaculada) und 25. Dezember.

Geschäftszeiten
Die Geschäfte sind meist von 9-13 Uhr (Mo-Sa) und 17-20 Uhr (Mo-Fr) geöffnet, Banken und Postämter von 9-14 Uhr (Mo-Fr) und 9-13 Uhr (Sa).

Jagdsaison
Vom ersten Sonntag im August bis zum 8. Dezember darf auf Gran Canaria gejagt werden: jeweils donnerstags und sonntags, zusätzlich an Feiertagen (8. Sptember, 12. Oktober, 6. und 8. Dezember). Viele Kanarier ziehen dann mit Hunden und Flinten ins zentrale Bergmassiv, machen Jagd auf Wildtauben, Rebhühner, Fasane und Kaninchen. Da es allein auf Gran Canaria über 20.000 Jagdlizenzen gibt, sollten Wanderer an den genannten Tagen gewisse Vorsicht walten lassen. Prinzipiell verboten ist das Jagen nur im Kiefernwald Inagua-Pajonales. Nähere Informationen erteilt die kanarische Jagdorganisation:
■ Federación Canaria de Caza, Las Palmas, Venegas 7, ✆ 363309

Klettern
Auf der Insel gibt es lohnende Kletterziele. Ein relativ einfacher Aufstieg führt zum 65 m hohen Gipfel des Roque Nublo, die Benutzung von Steigbügeln wird empfohlen. Wer an schwierigeren Touren interessiert ist, wendet sich an den kanarischen Bergsteigerverein in Las Palmas, Ortsteil La Isleta. Alle Wege zu Steilwänden in den Räumen Ayacata und Tamadaba sind hier registriert, Auskunft über Schwierigkeitsgrad und benötigte Ausrüstung wird gerne erteilt.
■ Federación Canaria de Montañismo, La Naval 32, Las Palmas, ✆/Fax 460045

Klima
Gran Canaria, die »Insel des ewigen Frühlings«, ist von einem subtropischen Klima geprägt: Die Temperaturschwankungen zwischen Sommer und Winter sind im Umfeld der Küsten gering, im höheren Bergland stärker ausgeprägt. Wetterbestimmend ist der Passat, der von Nordosten feuchtmilde Luftmassen heranbringt, die sich an den Bergen stauen und aufsteigen; dabei kühlen sie sich ab, es bilden sich Wolken heraus, die bis zu einer Höhe von etwa 1500 m aufsteigen. An vielen Vormittagen, so die Kanarier, werde der Him-

KLIMATABELLE LAS PALMAS DE GRAN CANARIA														
	Monat	**1**	**2**	**3**	**4**	**5**	**6**	**7**	**8**	**9**	**10**	**11**	**12**	**Jahr**
Tag	**°C**	21	21	22	22	22	23	24	25	25	25	24	22	24
Nacht	**°C**	16	16	16	17	16	17	18	20	20	18	18	17	18
Wasser	**°C**	19	18	19	19	19	20	22	23	23	23	21	20	21
Regentage		4	3	2	2	1	1	1	1	1	3	3	3	2

Die hier genannten Daten sind Durchschnittswerte, die sich auf die Hauptstadt Las Palmas beziehen. In den Bergen ab 500 m Höhe sind die Temperaturen ca. 5 °C niedriger.

mel im Nordosten grau wie »der Bauch eines Esels« (una panza del burro); die Hoffnung, die Wolkenbank werde sich auflösen, erfüllt sich oft erst am Abend. Nach Süden können sich die Wolken nicht ausbreiten: Trockenkalte, dadurch schwerere Luftmassen senken sich aus größeren Höhen nieder, drücken auf das Wolkenmeer und hindern es am weiteren Aufstieg.

Märkte

Der große Flohmarkt von Las Palmas findet jeden Sonntagvormittag im Hafenbereich statt. Kunsthandwerk, Obst und Gemüse entdeckt man auf den Wochenmärkten von Arguineguín (Dienstag), Puerto de Mogán (Freitag), San Fernando (Samstag), Teror und San Mateo (Sonntag).

Mountain-Biking

Bei Kanariern ebenso wie bei Touristen erfreut sich diese Sportart wachsender Beliebtheit. Gran Canaria bietet gute Voraussetzungen für Radler, viele Pisten wurden in den vergangenen Jahren mit Geldern der Europäischen Gemeinschaft asphaltiert.

Museen

Zu den wichtigsten archäologischen Fundstätten zählen das Höhlensystem Cenobio de Valerón (bei Guía) und die Cueva Pintada (in Gáldar). Auf populäre Art werden in Mundo Aborígen, einem prähispanischen Dorf nahe Maspalomas, Szenen aus dem Alltagsleben der Altkanarier nachgestellt. Sachlicher wird im Museo Canario in Las Palmas informiert: die hier präsentierte Sammlung altkanarischer Fundstücke ist die größte auf dem Archipel. Nahebei das Kolumbushaus (Casa de Colón), wo die engen Bindungen Gran Canarias an die Neue Welt dokumentiert sind. Gleichfalls in der Altstadt von Las Palmas befinden sich das Diözesanmuseum (Museo Diocesano) sowie das Atlantische Zentrum für moderne Kunst (Centro Atlántico de Arte Moderno). Ethnographische Privatmuseen gibt es in Teror (Museo Manrique de Lara, Tour 14 und 16), San Mateo (Museo de Cho Zacarías, Tour 25) und Santa Lucía (Museo La Fortaleza, Tour 27). Zusätzliche Informations- und Ausstellungszentren wurden in den Naturschutzgebieten eingerichtet.

Notruf
Policía Nacional ✆ 091, Cruz Roja (Berg- und Seerettung) ✆ 222222 (Las Palmas), ✆ 569222 (Mogán), ✆ 666220 (Artenara), ✆ 763278 (Playa del Inglés).

Pilze
Im Herbst kann man am Wegesrand nicht nur Marone und Pfifferling, sondern auch den Edelreizker (Lactarius deliciosus) entdecken, einen Speisepilz mit obstartigem Geruch und mildem Geschmack. Seine Milch ist rötlich, nimmt nach einigen Stunden eine grünliche Farbe an; der giftige Birkenreizker, erkennbar an seinem weißen Saft, wurde auf Gran Canaria bisher nicht gesichtet.

Schiffsausflüge
Tägliche Verbindungen gibt es zwischen Arguineguín, Puerto Rico und Puerto de Mogán. Von Agaete verkehrt eine Fähre 3mal täglich nach Santa Cruz de Tenerife, von Las Palmas gibt es Schiffsverbindungen zu den Inseln Teneriffa und La Palma, Fuerteventura und Lanzarote.

Strände
Die längsten Sandstrände befinden sich an der Costa Canaria im Süden sowie in Las Palmas. Abgelegene Strände gibt es nur noch im Südwesten und Nordwesten der Insel: Südlich von Puerto de Mogán liegen die Strände Tiritaña und Medio Almud, nördlich die Buchten von Veneguera, Tasarte und Tasartico. Vom Ort Tasartico im gleichnamigen Tal führt eine Wanderung zum schönstgelegenen Strand der Insel, der Playa Güi Güí (Tour 33). Auch die Strände um El Risco und Agaete (Tour 8 und 9) blieben bisher von touristischen Ansiedlungen verschont.

Tiergärten
In Los Palmitos findet man einen attraktiven Vogelpark inmitten exotischer Flora, dazu die größte Sammlung lebender Schmetterlinge auf dem Archipel. Bei Arinaga wurde ein Tiergarten angelegt, in dem 250 Krokodile und Kaimane, Tiger, Affen und Zebras zu bestaunen sind. Interessant ist auch der Reptilienpark auf halber Strecke zwischen Gáldar und Agaete: mehr als 100 Arten aus aller Welt sind hier versammelt.

Taxi
In allen größeren Orten findet sich ein Taxistand – ansonsten läßt man sich das Taxi in einer Bar bestellen. Die Preise haben sich in jüngster Zeit erheblich verteuert; es mag sich lohnen, den Preis zum Zielort bereits vor der Fahrt festzulegen.

Telefon
Vorwahl nach Spanien/Gran Canaria 0034/28. Vorwahl von den Kanarischen Inseln nach Deutschland 07-49, nach Österreich 07-43, in die Schweiz 07-41.

UNTERKÜNFTE

Auswahl von Unterkünften, die für Wanderer der beschriebenen Touren interessant sind; Komforthotels und gepflegte Fincas wurden mit einem Stern (*) versehen.

Agaete-Tal

Hotel Princesa Guayarmina, Los Berrazales, ✆/Fax 898009; Ap. El Angosto, Agaete, Obispo Pildain 11, ✆ 554192; Casa Coca, Estanco 2, Agaete, ✆ 898287

Agüimes

Hotel Rural Villa de Agüimes, El Sol 3, ✆ 124183 (*)

Artenara

Pens. Artenara, Matías Vega 7, ✆ 666117; Alb. Las Cuevas, Barranco de las Cuevas s/n, ✆ 666117; Casa Rural El Toríl, La Cuevita s/n, ✆ 661668 (*)

Bandama

Hotel Golf Bandama, Ctra. de Bandama, ✆ 353354, Fax 351290 (*)

Costa Canaria

Pens. San Fernando, La Palma 16, San Fernando, ✆ 763906; Pens. Lofi, Las Americas 41, El Tablero, ✆ 141105

Cruz de Tejeda

Hotel Rural El Refugio, Cruz de Tejeda s/n, ✆ 666513, Fax 666520 (*)

Fataga

Hotel Rural Cortijo de Fataga, Cercado de Fataga, ✆ 172089

Fontanales

Hotel Rural El Cortijo, Hoyas del Cavadero 11 (Ctra. Moya-Fontanales Km 21.3), ✆ 610285; Finca Nanita, La Jurada 8 (Ctra. Moya-Fontanales Km 17.5), ✆ 670506 (*)

Guía

Jugendherberge Alb. Juvenil, Av. Juventud, ✆ 550827, Fax 882728; Hotel Hazienda de Anzo, Pablo Díaz 37, ✆ 551655 (*)

Las Palmas

Pens. Plaza, Luis Morote 16 (Catalina), ✆ 265212; Hotel Madrid, Plaza Cairasco 2 (Triana), ✆ 360664

Los Palmitos

Helga Masthoff Park- und Sporthotel, ✆ 142100, Fax 666326 (*)

Mogán

Ap. Doña Mina, Ctra. General 6, ✆ 569041; Ap. Acaymo, Tostador 14, ✆ 569079

Puerto de Mogán

Pens. Lolita, Los Riscos ✆ 565419; Pens. El Salvador, Las Corrientes 13, ✆ 565374; Pens. Eva, Lomo Quiebre 35, ✆ 565235; Pens. Lumi, Lomo Quiebre 21, ✆ 565318; Hotel Sol Club de Mar, Puerto de Mogán s/n, ✆ 565066, Fax 565438 (*)

San Bartolomé

Ap. Stop, Fernando Guanarteme 23, ✆ 127152/127024; Pens. Santana, Tamarán 10, ✆ 127132

San Mateo

Casa El Vinco, El Arenal s/n, La Lechuza, ✆ 661668 (*)

San Nicolás

Hotel Los Cascajos, Los Cascajos s/n, ✆ 891165; Pension Segundo, Alfonso XIII 14, ✆ 890901

Santa Brígida

Hotel Santa Brígida, Real de Coello 2, Monte Lentiscal, ✆ 355511, Fax 355314 (*)

Tejeda

Alb. Galindo, Cruz Blanca s/n, ✆ 666001; Hostal Tejeda, Hernández Guerra 9, ✆ 658055; Ap. Cueva de la Tea, Hernández Guerra 12, ✆ 658476 (*); Casa La Tosca, La Tosca s/n, ✆ 661668 (*)

Valleseco

Casa Tio Esteban, El Sobradillo de Monagas 18, ✆ 330746 (*)

Veneguera

Pens. Veneguera, Pedro de Bétancor Valencia 1, ✆ 569250

FAHRPLÄNE DER WICHTIGSTEN BUSLINIEN

1	**LAS PALMAS**	– **PUERTO DE MOGAN**
	Las Palmas – Maspalomas – Puerto de Mogán (3'30")	
Mo-Fr	5.40, 6.20-19.00 alle 20 Minuten	8.10, 8.50, 9.10-18.50 alle 20 Min., 19.30
Sa-So	6.00-19.00 jede halbe Std.	8.30-19.30 jede halbe Std.
11	**LAS PALMAS**	– **AGÜIMES** ***(50")***
täglich	5.50-21.50 jede Std.	6.00-21.00 jede Std., ●22.00, ■23.00
14	**TELDE**	– **TENTENIGUADA** ***(30")***
täglich	7.45, 8.45, 9.35, 10.25, 11.15, 12.10, 14.10, 15.00, 15.50, 16.40, 17.30	8.40, 9.45, 10.25, 11.25, 12.05, 15.50, 16.40, 17.30, 18.20, 20.15
18	**MASPALOMAS**	– **CRUZ DE TEJEDA** ***(2'30")***
	Maspalomas	– ***San Bartolomé (1', Bus hält hier 30")***
Mo-Fr	8.00, 11.30, 15.15, 18.30	6.45, 10.15, 14.15, 17.00
Sa-So	8.00, 15.30	6.55, ◆10.00, ▼13.15, ◆14.30
	San Bartolomé	– ***Ayacata (45")***
täglich	9.30, ●16.45	●6.30, ●10.00, ■13.00, ●16.45
	San Bartolomé	– ***Cruz de Tejeda (1'30", über Tejeda, 1'10")***
So	9.30	12.30
27	**AGÜIMES**	– **MONTAÑA DE LAS TIERRAS** ***(30")***
Mo, Mi, Sa	8.00	8.30
30	**LAS PALMAS**	– **FARO MASPALOMAS** ***(1'30")***
Mo-Fr	6.30, 7.00-19.40 alle 20 Min., 20.10, 20.50	8.00, 8.30-20.50 alle 20 Min., 21.25
Sa-So	6.30-19.30 jede halbe Std., 20.10, 20.50	7.15, 8.00-21.00 jede halbe Std., 21.25
32	**PLAYA DEL INGLES**	– **PUERTO DE MOGAN** ***(1'15")***
täglich	8.15-19.45 jede halbe Std.	6.45, 8.00, 9.15, 10.00, 10.15-18.45 jede halbe Std., 19.45, 20.45
34	**SAN BARTOLOME**	– **EL DOCTORAL**
	San Bartolomé – Santa Lucía – Temisas – Agüimes – El Doctoral (1'30")	
Mo-Fr	5.15, 6.45, 7.30, 10.00, 12.30, 14.30, 15.45, 18.15	8.30, 11.30, 12.30, 14.00, 16.30, 18.30, 19.30
Sa-So	6.45, 8.00, 11.00, 14.30, 18.15	8.30, 13.00, 16.30, 19.30
38	**LAS PALMAS**	– **LA ALDEA DE SAN NICOLAS**
	Las Palmas – Playa del Inglés – Mogán – La Aldea de San Nicolás (3'30")	
täglich	5.00, ▲11.00, 14.10, ▲20.00	▲6.00, 8.45, ▲14.20, 17.50
43	**TELDE**	– **VALSEQUILLO** ***(30", über San Roque)***
täglich	8.30, 14.00, ▲21.30	▲5.45, 9.15, 14.45
45	**PLAYA DEL INGLES**	– **LOS PALMITOS** ***(30")***
täglich	9.15-12.00 alle 15 Min., 12.30, 13.15, 13.30-16.30 jede halbe Std.	9.50, 10.40-11.40 alle 15 Min., 12.40, 12.55-16.55 jede Std., 17.30, 18.30, 19.00
46	**TELDE**	– **EL RINCON DE TENTENIGUADA** ***(40")***
Mo-Sa	7.45, 12.10, 14.10, 17.30	8.40, 12.55, 14.55, 18.20
50	**LAS PALMAS**	– **FARO** ***(60")***
täglich	9.05-17.05 jede Std.	10.05-18.05 jede Std.
60	**LAS PALMAS**	– **AEROPUERTO/Flughafen** ***(25")***
täglich	5.20, 6.00, 6.30, 7.00, 7.30, 7.45-20.15 jede halbe Std., 21.30-1.30 jede Std.	6.30-21.00 jede halbe Std., 22.00-2.00 jede Std.

70	**PUERTO RICO**	–	**LOS PALMITOS** ***(45")***
täglich	10.00, 10.45, 11.45, 12.45		13.30, 18.00
84	**MOGAN**	–	**PUERTO DE MOGAN** ***(15")***
täglich	11.15, 14.45, 17.00, 19.30, 20.30, 22.00		8.40, 11.40, 14.30, 16.30, 20.45, 21.30
101	**LAS PALMAS**	–	**LA ALDEA**
	Las Palmas – Agaete (1'30") – La Aldea de San Nicolás (3')		
täglich	■8.30, ●10.00, ■14.00, ●15.30, 18.30		■5.15, ●6.00, ●12.15, 15.15, ■17.45
102	**LOS BERRAZALES**	–	**GUIA**
	Los Berrazales – Agaete (30") – Guía (60", mit Anschluß nach Las Palmas)		
täglich	7.00, 8.00, 8.30, 10.30, 12.30, 14.30, 16.30, 18.30, 20.00		6.15, 7.00, 7.30, 9.30, 11.30, 13.30, 15.30, 17.30, 19.00
103	**PUERTO DE LAS NIEVES**	–	**LAS PALMAS**
	Puerto de las Nieves – Agaete – Guía (30") – Las Palmas (1'30")		
täglich	5.30-21.30 jede Std., 9-19 Uhr alle 2 Std. bis Guía		6.00-22.00 jede Std.
113	**GALDAR**	–	**FONTANALES** ***(1', über Guía)***
Mo-Sa	7.00, 14.15		8.00, 16.00
127	**LAS PALMAS**	–	**FONTANALES** ***(1'30", über Moya, 1')***
Mo-Sa	8.15, 18.30		6.30, 10.00, 12.00, 16.30, 20.00
So	8.20, 17.40		6.50, 10.10, 12.00, 17.10, 19.10
214	**TEROR**	–	**SAN MATEO** ***(45")***
Mo-Sa	7.15, 10.00, 12.15, 14.00, 16.30, 19.00		8.45, 11.00, 13.00, 17.30, 19.45
So	7.30, 10.00, 12.30, 16.30, 19.00		8.45, 11.00, 13.30, 17.30, 19.45
216	**LAS PALMAS**	–	**TEROR** ***(1')***
täglich	6.30 jede halbe Stunde bis 20.30, 21.15, 22.00		5.30 jede halbe Stunde bis 19.30, 20.15, 21.00
217	**LAS PALMAS**	–	**VALLESECO** ***(1'25")***
täglich	6.30, 8.30, 11.00, 12.00, 13.05, 15.00, 17.00, 18.30, 20.30		7.00, 7.30, 9.00, 10.00, 15.00, 16.30, 17.00, 19.00
220	**LAS PALMAS**	–	**ARTENARA**
	Las Palmas – Teror (1') – Valleseco (1'25") – Artenara (2")		
Mo-Sa	10.00, 13.00, ◆15.30, ●18.30		5.15, ●6.30, ◆6.45, ◆13.30, ●14.30
So	8.00 (Juli/Aug. weiter bis Tamadaba), 20.00		5.30, 17.30 (Juli/Aug. 30 Min. früher ab Tamadaba)
303	**LAS PALMAS**	–	**SAN MATEO**
	Las Palmas – Santa Brígida (45") – San Mateo (60")		
täglich	6.30 jede halbe Stunde bis 20.30, 21.15, 22.00		6.00 jede halbe Stunde bis 20.00, 21.00, 22.00
305	**LAS PALMAS**	–	**TEJEDA**
	Las Palmas – San Mateo (1') – Las Lagunetas (1'15") – Cruz de Tejeda (1'35") – La Culata (1'45") – Tejeda (2') (✦ = via La Culata)		
Mo-Fr	✦7.30, 10.00, 13.00, ✦15.00, 19.30		5.15, ✦7.00, 10.00, 13.00, 17.30
Sa-So	7.30, 10.00, 12.00, ✦15.00, 19.30		7.30, 10.00, 12.00, 15.00, 17.30
311-312	**LAS PALMAS**	–	**BANDAMA** ***(1')***
täglich	7.00, ▲7.30, 9.00, 11.00, 13.45, ▲15.10, 17.00, 19.00, 20.45		7.50, ▲8.15, 10.00, 11.40, 14.30, ▲16.00, ▼16.30, 18.00, 19.40, 21.15

● = nur Mo-Fr ■ = nur Sa-So ▲ = nur Mo-Sa ◆ = nur Sa ▼ = nur So

Auskünfte über zusätzliche Linien bzw. preiswerte Sammeltickets (›Bonos‹) erteilen die Busfahrtgesellschaften Utinsa für die Nordhälfte und Salcai für die Südhälfte der Insel. Informationsbüros befinden sich im Busbahnhof von Las Palmas, eine Filiale von Salcai wurde im Yumbo-Zentrum in Playa del Inglés eingerichtet.

GEOGRAPHISCHES GLOSSAR

Andén – Steilwand
Barranco – Schlucht
Barranquillo – kl. Seitenschlucht
Caidero – Steilstufe einer Schlucht
Caldera – Vulkankrater, Talkessel
Calle – Straße
Camino Real – Königspfad
Campamento – Campingplatz
Cañada – Engpaß
Caserío – Weiler
Casa Forestal – Forsthaus
Coto de caza – Jagdrevier
Cruce – Kreuzung
Cruz – Kreuz
Cueva – Höhle
Cumbre Gebirgsmassiv
Degollada – Einsattelung, Paß
Embalse – Stausee
Finca – Bauernhof
Hoya – Ebene, Senke
Llano – Ebene
Lomo – Bergrücken
Mesa – Hochebene
Mirador – Aussichtspunkt
Montaña – Berg
Morro – steilwandiges Gebirgsmassiv
Parada – Haltestelle
Parador – staatliches Hotel
Pico – Gipfel
Pinar – Kiefernwald
Pista forestal – Forstpiste
Presa – Stausee
Risco – Felsen
Roque – Fels
Sendero – Pfad
Valle – Tal
Zona recreativa – Erholungsgebiet, Picknickplatz

La Isleta
Bañaderos
San Andrés
Gáldar
Santa Maria
de Guía
Arucas
Moya
Firgas
LAS PALMAS
DE GRAN CANARIA
Tamaraceite
San Pedro
San Lorenzo
Valleseco
Teror
La Angostura
Tafira Alta
Fontanales
Caldera de
Bandama
Juncalillo
Jinámar
Bco. de Guiniguada
Moriscos
Santa
Brigida
Artenara
1771
Vega de San Mateo
Tejeda
Los Llanetes
La Higuerilla
Cueva Grande
Melenara
Telde
Tenteniguada
Valsequillo de
Gran Canaria
El Carrizal
Roque
Nublo
Pico de
las Nieves
El Juncal
Ayacata
1949
La Culata
Barrio
de Triana
San Bartolomé
de Tirajana
Bco. de Guayadeque
Ingenio
Los Cercados
Temisas
Santa Lucía
Carrizal
El Baranquillo
de Andrés
Agüimes
Bco. de Tirajana
Fataga
Sardina
Cercado de Espino
Artedara
Arinaga
Ayagaures
1001
Puercos
Vecindario
El Doctoral
Bco. de Arguineguín
Bco de la Data
Bahía de Pozo
Izquierdo
Juan Grande
Caleta
El Tablero
San Augustín
Maspalomas
Playa de Maspalomas

Der Norden

Im Einflußbereich des Nordostpassats: Kiefernwälder und Almwiesen, Vulkankrater und subtropische Barrancos

Almwiesen und Schafherden: eine typische Landschaft der mittleren Höhenlagen.

Der Bergkamm, der über Cruz de Tejeda zum Tamadaba verläuft, teilt Gran Canaria in klimatisch unterschiedliche Hälften. Nördlich der Wetterscheide präsentiert sich die Insel vegetationsreich und feucht. Die Fruchtbarkeit des Nordens ist dem Passat zu verdanken: Auf seinem Weg über den Atlantik reichert sich der Wind mit kühler Meeresluft an und trägt Wolken auf die Insel zu. Auf einer Höhe von 600-1400 m stauen sich diese zu einem Wolkenmeer und werden durch das zentrale Gebirgsmassiv daran gehindert, gen Süden weiterzuziehen. Winzige Wassertropfen kondensieren an Pflanzen, lange Kiefernnadeln ›kämmen‹ die Feuchtigkeit aus den Wolkenfetzen.

Hervorragend zum Wandern geeignet ist der Nordwesten. Intensive Sonnenbestrahlung wechselt mit schattenspendenden Wolkenpassagen; die vom Meer heranwehende Brise sorgt für angenehme Frische. Von Artenara, dem höchstgelegenen Dorf der Insel, führen Kamm- und Panoramawege zum Kiefernwald von Tamadaba, einem verwitterten Gebirgsmassiv, dessen Steilwände fast 1000 m zum Meer abstürzen. Von grandiosen Aussichtspunkten wie dem Roque Faneque überblickt man die 30 km lange, zerklüftete Westküste. Nur wenige Menschen leben in diesem Gebiet, das erst vor wenigen Jahrzehnten durch eine kurvenreiche Höhenstraße an die Zivilisation ange-

schlossen wurde. Im Tamadabawald gibt es keinerlei Siedlungen, nur einige Forsthäuser trotzen der Einsamkeit. Wege führen hinauf zum spektakulären Gipfel des Altavista und über einen dramatischen Pilgerpfad hinab nach San Pedro. In Romantik taucht ein, wer über die Höhlendörfer El Hornillo und El Sao ins subtropische Agaete-Tal hinabsteigt – Apfelsinen und Zitronen hängen hier zum Greifen nah an den Bäumen.
Ein ganz anderes Landschaftsbild bietet sich nördlich des Vulkankraters Pinos de Gáldar: Wege führen über kiefernbestandene Lavafelder zu saftiggrünen Almen, auf denen Schafe und Ziegen weiden. Der Käse, der aus ihrer Milch gewonnen wird, gehört zu den besonderen lokalen Delikatessen, die sich kein Wanderer entgehen lassen sollte.
Der Nordosten der Insel ist weitgehend zersiedelt: Rings um die Hauptstadt Las Palmas breitet sich ein Gürtel von Wohnorten aus, der bis ins Vorgebirge ausgreift. Die in diesem Buch vorgestellten Wanderungen konzentrieren sich deshalb auf Naturschutzgebiete, verlaufen meist auf einer Höhe von 500 bis 1500 m. Hier, im Barranco de la Virgen, in Azuaje und Los Tilos, finden sich noch Relikte jenes einzigartigen Lorbeerwalds, der vor der spanischen Eroberung der Insel im 15. Jh. weite Teile des Nordens bedeckte. Die Wanderungen führen durch bäuerlich geprägte Täler und über kastanienbestandene Bergkämme; Krater und Kegel künden von vulkanischer Tätigkeit, die mehrere tausend Jahre zurückliegt.

AUSGANGSPUNKTE FÜR WANDERUNGEN

Agaete-Tal

Das über 10 km lange Tal, das sich von der Nordwestküste ins Inselzentrum erstreckt, ist eines der fruchtbarsten und schönsten der Insel (Bus 101-103). Von Los Berrazales läuft man über Höhlendörfer und Stauseen nach Artenara hinauf – oder man steigt zum Kiefernwald Tamadaba empor, von dem man über einen abenteuerlichen Pilgerpfad ins Tal zurückkehrt. Bestgelegene Unterkunft ist das Berghotel in Los Berrazales, Appartements und Privatzimmer findet man in Agaete und Puerto de las Nieves.

Artenara, 1230 m

Das höchstgelegene Bergdorf Gran Canarias (Buslinie 220, mit Herberge und Pension) ist ein idealer Ausgangspunkt zur Erkundung des nördlichen Inselzentrums. Von hier starten Wege nach Cruz de Tejeda und Pinos de Gáldar, zur Hochebene von Acusa und zum Tamadaba.

Fontanales, 1000 m

Ein typischer Ort des kanarischen ›Mittelgebirges‹: gepflegt und etwas verschlafen, umgeben von Kastanien- und Obstbäumen. In Fontanales (Buslinien 113, 119 und 127) mündet eine Wanderung aus Pinos de Gáldar, außerdem starten hier attraktive Routen nach Teror und Valleseco. Ein Hotel und mehrere Fincas bieten Komforturlaub mit ländlichem Touch.

Cruz de Tejeda, 1509 m

Geographischer Mittelpunkt Gran Canarias und zugleich Schnittpunkt wichtiger Wege und Inselstraßen (Buslinien 18 und 305). Hier beginnen Wanderungen nach Artenara, Teror und zum Barranco de la Mina. Von der Aussichtsterrasse des staatlichen Parador-Restaurants genießt man einen überwältigenden Blick auf das zentrale Gebirgsmassiv; Unterkunft bietet ein Komforthotel.

1 Von Cruz de Tejeda nach Artenara

Reizvoller Paßweg entlang der Wetterscheide zwischen Nord und Süd

Cruz de Tejeda – Mirador Degollada de las Palomas – Cruz de los Moriscos – Artenara

Ausgangspunkt: Parador Cruz de Tejeda, 1509 m (Schnittpunkt wichtiger Inselstraßen, Haltestelle der Buslinien 18 und 305).

Endpunkt: Artenara, 1230 m (Endhaltestelle der Buslinie 220).

Gehzeiten: Cruz de Tejeda – Mirador Degollada de las Palomas 30 Min., Mirador Degollada de las Palomas – Cruz de los Moriscos 30 Min., Cruz de los Moriscos – Artenara 1½ Std.; Gesamtzeit 2½ Std. (8,3 km).

Höhenunterschied: 180 m im Aufstieg, 460 m im Abstieg.

Anforderungen: Gemütliche Wanderung auf Forstpisten und gut ausgebauten Wegen, bei starkem Wind etwas luftig; Nordseite oft eingehüllt von Passatwolken.

Einkehr: Bars und Restaurants am Cruz de Tejeda und in Artenara.

Unterkunft: Komforthotel in Cruz de Tejeda; Herberge, Pension und Fincas in Artenara; Zelten möglich am Berg Montaña de Artenara.

Varianten: Wer sich das steile Anfangsstück ersparen möchte, läßt die Wanderung am Aussichtspunkt an der Degollada de las Palomas beginnen (erreichbar über die Straße Cruz de Tejeda – Pinos de Gáldar bei Km 4). – An einer Pistengabelung auf der Nordseite des Moriscos läßt sich die Wanderung mit Tour 11 kombinieren, ab Artenara gibt es Anschluß mit Tour 2 und 3.

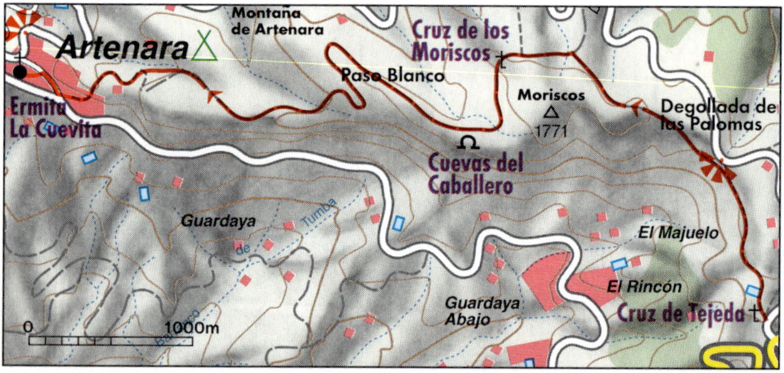

In weiten Kehren windet sich die 16 km lange Autostraße von Cruz de Tejeda zum malerischen Artenara, dem höchstgelegenen Dorf der Insel. Wählt man den Camino Real, so verkürzt sich die Strecke auf 8 km: ein gutes Beispiel dafür, wie klug und kräfteschonend die alten Königspfade angelegt waren! Der Weg verläuft größtenteils auf einer Forstpiste; dabei sind nur geringe Höhenunterschiede zu bewältigen, man kann sich unbekümmert auf die Landschaft konzentrieren: sanftgewellte, mit Kiefern bewaldete Hänge im Norden, tiefe Schluchten, Höhlen und zerklüftete Steilwände im Süden.

Am Rand der Caldera de Tejeda.

Die Wanderung beginnt an der Hostería Parador, dem staatlichen Restaurant am **Cruz de Tejeda**. Zwischen dem Gebäudekomplex und den angrenzenden Souvenirständen folgen wir der nach Pinos de Gáldar führenden Straße in nördlicher Richtung. Nach 200 m kommen wir zu einem kreisförmigen Parkplatz. Auf der links startenden Piste gehen wir aufwärts und genießen dabei die Aussicht auf die Häuser von Tejeda im Barrancogrund. Die Piste geht in einen Weg über, der nach 200 m links an einem ummauerten Wasserspeicher vorbeiführt. Über 5 Minuten windet sich der Weg steil aufwärts, zwischen Kastanien- und Kiefernbäumen den Westhang des Berges Constantino empor. Sobald er wieder eben verläuft, bieten sich zur Linken spektakuläre Ausblicke. Wir kommen vorbei an keulenförmigen schwarzen Felsen, nicht selten sieht man hier Bussarde und Kolkraben. Eine der Felssilhouetten trägt im Volksmund den Namen Roque Franco, weil sie an das Profil des einstigen Staatschefs erinnert. Nach knapp 30 Minuten ist die Straße nach Pinos de Gáldar erreicht; dieser folgen wir 100 m nach links zum Mirador **Degollada de las Palomas**, einem überdachten Aussichtsbalkon (1621 m). Unter uns liegen wieder die weißen Häuser von Tejeda, über ihnen ein dramatisches Gebirgspanorama mit den hervorstechenden Gipfeln des Roque Nublo und Roque Bentaiga.

Rechts neben dem Mirador führt ein anfangs mit Steinen gepflasterter Weg in lichten Kiefernwald aufwärts. Nach 600 m geht er in eine Forstpiste über und erreicht ein großes Plateau. Wir folgen der Erdpiste am Bergkamm entlang und halten uns nach 500 m an der Weggabelung links. Wir befinden uns jetzt am Nordhang des Berges Moriscos und lassen einen Pfad, der nach 500 m rechts zum Mirador Pinos de Gáldar abzweigt (Tour 11), unbeachtet. Der Wald lichtet sich, nach 150 m stoßen wir auf die Kreuzung Paso Blanco: Der Blick schweift über die Gipfelketten des zentralen Bergmassivs bis hinab zum Küstenort La Aldea.
Die südostwärts aufsteigende Piste führt zu den Fernsehantennen auf dem Moriscos-Berg (1771 m), der nordwärts angelegte Weg endet nach 100 m. Wir wählen die mittlere, südwärts hinabführende Piste, die nach 30 m ein steinernes Kreuz aus dem Jahr 1913 passiert, das **Cruz de los Moriscos**. Nach 10 Minuten schwenkt der Weg auf Westkurs zurück, nach weiteren 5 Minuten erblicken wir zur Linken riesige Felsbrocken, die am Rande der Caldera de Tejeda thronen. Auf der dem Abgrund zugewandten Seite befinden sich Überreste einer altkanarischen Siedlung, die die Spanier Cuevas del Caballero (Höhlen des Herrn) nannten. Wer sie in Augenschein nehmen möchte, muß schwindelfrei sein: Der dorthin führende Pfad ist schmal, verläuft dicht entlang der abschüssigen Felswand (bei Nässe und Nebel extrem gefährlich!). Von den Höhlen genießt man – wie einst die Altkanarier – ein überwältigendes Panorama: Gegenüber ragt der Roque Bentaiga auf, weiter links der Roque Nublo.
Wir kehren zum Camino Real zurück, ignorieren eine Piste, die nach 40 Minuten rechts zum Weiler Las Arbejas abbiegt. Unser Weg leitet uns weiter in nordwestliche Richtung, oberhalb von uns befindet sich ein kleines Terrain, wo mit Genehmigung der Provinzregierung gezeltet werden darf. Zur Linken zweigt eine Piste ab, wir halten uns geradeaus und achten auf einen halbrechts abzweigenden Pfad, um eine weite Pistenkehre abzukürzen. Danach kehren wir noch einmal für 5 Minuten zur Piste zurück, bevor wir uns endgültig von ihr verabschieden: In einer scharfen Rechtskurve steigen wir mit Blick auf eine langgestreckte Steinmauer den Felshang hinab. Der Weg führt uns zur **Degollada Cruz de Toríl**, einem Felsdurchbruch unterhalb eines Kreuzes mit weitem Ausblick auf Bergwelt und Talkessel von Tejeda. Wir gehen die Betonpiste rechts am Kreuz vorbei hinauf, dann sogleich rechts über Steinstufen ins Dorf Artenara hinab. Vorbei an kleinen weißen Höhlenhäusern, erreichen wir nach 5 Minuten die Kapelle der Höhlenjungfrau ›La Cuevita‹. Von hier laufen wir noch 400 m abwärts bis zum Ziel der Wanderung, dem Kirchplatz im Zentrum von **Artenara**.

Der Melker hat sich verspätet...

2 Von Artenara zum Tamadaba

Aussichtsreicher Wanderweg mit attraktiven Varianten

Artenara – Degollada del Sargento – Forsthaus Cortijo de Tirma – Südkreuzung Tamadaba-Ringstraße – Siete Pinos – Picknickplatz Tamadaba

Blick hinab auf Lugarejos.

Ausgangspunkt: Kirchplatz von Artenara, 1230 m (Endhaltestelle der Buslinie 220).
Endpunkt: ICONA-Picknickplatz Tamadaba, 1200 m (an einer für Autos zugelassenen Piste 500 m nördlich der Tamadaba-Nordkreuzung, keine Busverbindung).
Gehzeiten: Artenara – Degollada del Sargento 1½ Std., Degollada del Sargento – Forsthaus Cortijo 30 Min., Forsthaus Cortijo – Südkreuzung 15 Min., Südkreuzung – Siete Pinos 30 Min., Siete Pinos – ICONA-Picknickplatz 30 Min.; Gesamtzeit 3¼ Std. (10,3 km).
Höhenunterschied: 320 m im Anstieg, 350 m im Abstieg.
Anforderungen: Leichte Wanderung, teils auf Forstpiste und Weg, teils auf wenig befahrener Asphaltstraße; nur der 600 m lange Aufstieg zur Gabelung Cruz de María verlangt größere Anstrengung.
Einkehr: Bars und Restaurants in Artenara.
Unterkunft: Herberge, Pension und Fincas in Artenara; Zelten möglich nahe dem Picknickplatz Tamadaba.
Varianten: 1. Entlang dieser Stecke Kombinationsmöglichkeit mit Tour 4 (ab Cruz de María), Tour 5 (ab Forsthaus Cortijo), Tour 6 (ab Siete Pinos) und Tour 7 (Anschlußwanderung ins Tal von Agaete).
2. Wanderweg von der Nordkreuzung zum Aussichtspunkt des Roque Faneque (knapp 1 Std. bzw. 2,9 km): Auf der Ringstraße westwärts weiter, bis 100 m hinter dem Forsthaus Tamadaba rechts ein Weg startet, der anfangs parallel zur Straße verläuft und 5 Min. später zu einem Steinhaus und der »Höhle des Schusters« (Cueva del Zapatero) führt. Zwischen den beiden Bauten folgt man einem rechts abzweigenden Pfad hangabwärts. Bald schon verbreitert er sich und führt durch Kiefernwald einen Bergrücken hinab. Nach 1,5 km ist die Paßhöhe Cueva Gacha (989 m) erreicht; kurz darauf schwenkt der Weg nach rechts, überwindet den Bergrücken Los Pasitos und erreicht einen vorgeschobenen Fels, an dem er endet. Der Roque Faneque (1007 m) liegt unmittelbar vor uns, bleibt aber durch eine Schlucht von uns getrennt. Im Schatten des Tamadaba sehen wir Agaete und seinen vorgelagerten Hafen.

Der malerische Weg führt in den dichten Kiefernwald des Tamadaba. Er verläuft über weite Strecken oberhalb der Straße und bietet immer wieder schöne Ausblicke auf Gipfellandschaften des Nordwestens, tief eingekerbte Täler und kiefernbedeckte Hänge. An klaren Tagen wird am Horizont der Teide sichtbar – ein oft weiß überzuckerter Gipfel im Zentrum der Nachbarinsel Teneriffa, mit 3718 m höchster Berg Spaniens.

Wir verlassen **Artenara** auf der westwärts in Richtung Tamadaba führenden Straße. An der Kreuzung nach 200 m folgen wir geradeaus der steil ansteigenden, anfangs asphaltierten Piste. Sie passiert nach 5 Minuten die Garagen der Feuerwehr (Servicio Contraincendios de Medio Ambiente) und erreicht wenig später den Dorffriedhof. Oberhalb des Friedhofs folgen wir der aufwärts führenden Piste und kommen nach weiteren 250 m zu einem kleinen Aussichtsplateau. Wir ignorieren den halblinks abwärts weisenden Weg nach Acusa (Tour 3) und wählen die geradeaus sich fortsetzende Piste, die

sich nach knapp 10 Minuten zu einem Weg verjüngt. Zur Linken der 1335 m hohe Gipfel des **Los Brezos**, der einen großartigen Ausblick über die Hochebene von Acusa und die tief eingeschnittene Tejeda-Schlucht gewährt. Teilweise über Steintreppen steigen wir zur Straße hinab, der wir über die Kreuzung in westlicher Richtung folgen. 650 m hinter der Kreuzung verlassen wir den Asphalt und biegen in den links abzweigenden Weg ein, der eine große Straßenkehre abkürzt. Nach 5 Minuten erreichen wir wieder die Straße und können uns auf einer Bank vom anstrengenden Aufstieg erholen. Wir folgen nun der Straße 200 m nach links bis zur **Degollada del Sargento** mit schönem Aussichtsplateau. Auch hier ist die Fortsetzung des Weges durch Steinmarkierung angezeigt. Nach gut 5 Minuten steilen Aufstiegs kommen wir zur Weggabelung **Cruz de María**: Geradeaus gelangt man zum Berg Altavista (Tour 4), unser Weg rechts führt am Bergkamm entlang in 15 Minuten zum **Forsthaus Cortijo de Tirma**. Es befindet sich an der Straße zum Tamadaba bei Km 7 (Abzweig einer abwärts führenden Piste zur Steilküste im Westen; vgl. Tour 5).
Wir bleiben 100 m auf der Straße und biegen dann links in einen von Seitenmauern flankierten Weg ein. Er führt weiter durch lichten Kiefernwald und eröffnet vom Bergkamm schöne Ausblicke über den Nordwesten. Hinter dem Sattel Las Lajas geht der Weg in eine Piste über, die wenig später wieder in die Tamadaba-Straße mündet. Wo sich diese gabelt, werden Autos entgegen dem Uhrzeigersinn um den Tamadaba geleitet. Die Ringstraße umkreist den 1444 m hohen Berg auf einer Länge von 6,4 km. Sie ist wenig befahren und gewährt Ausblicke auf die Bergwelt des Roque Nublo und die Stauseen bei Lugarejos. Am Nordostzipfel der Straße, in einer scharfen Linkskurve (**Siete Pinos**), startet entlang einer niedrigen Steinmauer der Camino Real nach Los Berrazales (vgl. Tour 6). Wir bleiben noch 1 km auf der Ringstraße, bevor wir an der Nordkreuzung rechts einbiegen. Nach 400 m kommen wir zu einer Gabelung: Links führt die Piste zu einer Campingzone der Umweltbehörde, wir halten uns rechts und erblicken wenig später zu beiden Seiten Bänke und Grillstätten des **Tamadaba-Picknickplatzes**, eingerichtet von der Forstgesellschaft ICONA.

Terrassiertes Gebirgsrelief.

3 Von Artenara nach Acusa Verde

Panoramaweg zu altkanarischen Höhlendörfern

Artenara – Acusa Seca – Acusa Verde und zurück

Ausgangspunkt: Kirchplatz von Artenara, 1230 m (Endhaltestelle der Buslinie 220).
Gehzeiten: Artenara – Acusa Seca 1½ Std.; Acusa Seca – Acusa Verde 1 Std., Rückweg 2¾ Std.; Gesamtzeit 5¼ Std. (14,6 km).
Höhenunterschied: Insgesamt 960 m.
Anforderungen: Anstrengende, aber äußerst abwechslungsreiche Wanderung auf teilweise steil angelegtem Weg. Auf der Strecke Acusa Seca – Acusa Verde ist Trittsicherheit erforderlich.
Einkehr: Bars und Restaurants in Artenara, Höhlenbar in Acusa Verde.
Unterkunft: Herberge, Pension und Fincas in Artenara.
Variante: Anschlußwanderung ab Acusa Verde nach La Aldea de San Nicolás auf Asphalt (18 km, 4½ Std.). Auch dies war einmal ein Camino Real – in den 60er Jahren wurde er zur Straße erweitert. Diese ist erstaunlich wenig befahren und erlaubt interessante Ausblicke auf den Stausee Parralillo und die südlich aufschießende Gebirgswelt. Wer sie nach 6,4 km hinter einem Tunnel am Stausee Parralillo verläßt, hat über eine 3 km lange, aufwärtsführende Piste Anschluß an die Touren ab El Carrizal (Tour 28 und 29).

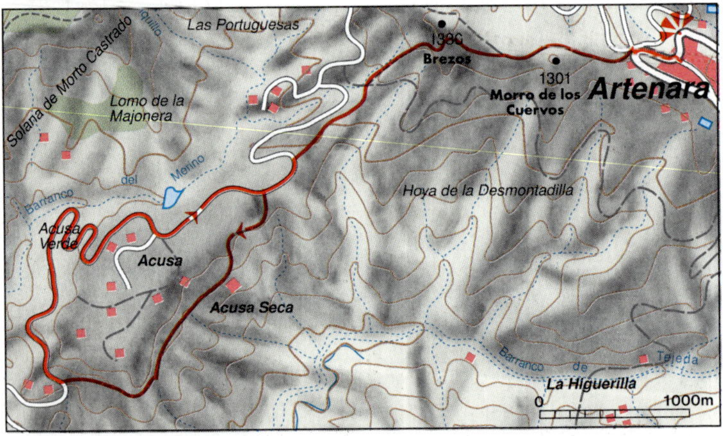

Im Frühjahr ist die Hochebene des Tafelbergs von Acusa von goldgelben Getreidefeldern bedeckt, im Winter überzogen von Weiden. Unser Weg führt auf einem schmalen Felsband um den Tafelberg herum und macht uns bekannt mit einem der abgelegensten Winkel der Insel. Die Höhlenhäuser von Acusa Seca ducken sich im Schatten steil aufragender Felswände und eröffnen einen phantastischen Ausblick auf die gezackten Bergkämme der Caldera.

Vom Aussichtspunkt 250 m südwestlich des Dorffriedhofs von **Artenara** (bis hier vgl. Tour 2, Gehzeit 20 Min.) führt halblinks ein schmaler Pfad nach Acusa hinab – unter uns die Tejeda-Schlucht, vor uns schon wenig später die weißen Häuser von Acusa am rechten Rand des Tafelbergs. Zeitweilig in Serpentinen und mit Steinen gepflastert, dann wieder über große, ausgetretene Felsplatten geht es steil durch lichten Kiefernwald hinab. Nach 1,5 km überqueren wir eine Piste und setzen die Wanderung über einen Felsrücken fort. 15 Minuten später stoßen wir auf ein erstes Gehöft; wir gehen links um das zugehörige Grundstück herum und erreichen die nach La Aldea de San Nicolás führende Asphaltstraße. Hier halten wir uns links und folgen an einem Kreuz nach 300 m der links abzweigenden Asphaltpiste nach Acusa Seca. Wenig später bietet sich uns eine herrliche Aussicht auf die Orte im Inselzentrum sowie die Felsen Bentaiga und Roque Nublo. Nach 1,2 km endet die Straße unmittelbar vor dem Höhlendorf **Acusa Seca**. Wir folgen dem Weg nahe der Felswand entlang, links abzweigende Pfade ignorierend. Nach etwa 30 Minuten führt uns der Weg im Halbkreis scharf um einen mächtigen Felsvorsprung. 10 Minuten später mündet er an einer Sperrkette in eine Piste: vor uns die aufgebrochene Erde von Kartoffeläckern, grell leuchten Orangen aus dem dunkelgrünen Blattwerk der Bäume. Nach 500 m gelangen wir zur Straße La Aldea – Artenara, halten uns rechts und erreichen kurz darauf den Endpunkt unserer Wanderung, den Weiler **Acusa Verde**: weißgetünchte Kubenhäuser unter einer gewaltigen Felswand.

Hochebene von Acusa im Spätsommer.

Wer nicht auf gleichem Weg zurücklaufen möchte, folgt der wenig befahrenen Straße, die sich von Acusa Verde in vielen Kehren Richtung Inselzentrum hinaufwindet (gleicher Zeitaufwand, Abkürzung auf Trampelpfaden möglich). Oberhalb des kleinen Stausees La Candelaria liegt die Ortschaft **Acusa**, eine Handvoll Häuser, die sich um eine Kirche schart. Ab der Pistenabzweigung Richtung Acusa Seca geht es weiter auf der uns vom Hinweg bereits bekannten Strecke.

4 Auf den Altavista

Grandiose Wanderung entlang eines Bergkamms

Degollada del Sargento – Altavista und zurück

Talort: Artenara, 1230 m (Endhaltestelle der Buslinie 220).
Ausgangspunkt: Degollada del Sargento, 1160 m (Aussichtsplateau an der Straße Artenara – Tamadaba bei Km 5.3, keine Busverbindung, Anmarsch möglich mit Tour 2, 1½ Std. von Artenara).
Gehzeiten: Degollada del Sargento – Altavista 1¾ Std., Rückweg 1¼ Std.; Gesamtzeit 3 Std. (9 km).
Höhenunterschied: Insgesamt 540 m.
Anforderungen: Leichte Wanderung auf gut ausgebautem Königspfad, nur am Anfang und am Ende aufgrund des Höhenunterschieds anstrengend.
Variante: Die Anschlußwanderung vom Altavista nach La Aldea de San Nicolás (4½ Std., 13,5 km) begeistert nur im Anfangsteil. Meist führt sie am Kamm entlang, anfangs durch Kiefernwald, dann durch eine karge, von Wolfsmilchgewächsen und Ginsterbüschen geprägte Landschaft. Rechts zweigen Wege zur Tirma-Piste ab, die in Tour 5 vorgestellt wird. Wer nach La Aldea gehen will, bleibt auf dem Bergkamm und kommt nach etwa 3 Std. zur Einsattelung des Morro de las Tocinas (762 m), wo der ermüdende, 1½stündige Abstieg nach La Aldea beginnt: kaum ein Baum, der sich auf den kargen Hängen behauptet, im Talgrund unansehnlich gebaute Häuser und mit Plastikplanen überdachte Tomatenplantagen.

Die Hauptwanderung sollte sich niemand entgehen lassen! Bequem und luftig führt sie zum Gipfel des Altavista, der, wie sein Name andeutet, zu den schönsten Aussichtspunkten der Insel zählt. Nicht selten sieht man hier einen braun-grau melierten Raubvogel, der einem Pfeil gleich von steilen Felsklüften niederschießt: der Tagarote, eine in vielen Legenden besungene Falkenart.

Tiefe Schluchten und zerfurchte Bergkämme sind ständige Wegbegleiter.

Vom kleinen Parkplatz an der **Degollada del Sargento** folgen wir einem breit angelegten Weg, der rechts den Hang hinaufläuft. Nach 600 m teilweise steilen Aufstiegs erreichen wir die Weggabelung **Cruz de María**: Wir halten uns links und passieren kurz darauf ein von Steinen ummauertes Holzkreuz. Unser Weg führt nun in südwestlicher Richtung am Bergkamm entlang, bequem geleitet er uns durch Kiefernwald. Nach insgesamt etwa 30 Minuten eröffnet sich ein erster schöner Ausblick auf die Bergwelt, anschließend verläuft der Weg abwechselnd auf der östlichen und der westlichen Seite des Kamms. Wir gehen links vorbei am **Risco Alto** (1304 m), dann geht es über mehrere Kehren zur Einsattelung **Lajas del Jabón** hinab. 5 Minuten später erreichen wir eine wichtige Gabelung: In westlicher Richtung verläuft der Königspfad nach La Aldea de San Nicolás (vgl. Variante), in Südwestrichtung aufwärts führt ein Serpentinenweg zum Gipfel des **Altavista**. Er ist 1376 m hoch, für die 600 m lange Strecke sind 15 Minuten einzukalkulieren. Die zusätzliche Anstrengung wird mit einem phantastischen Einblick in die Felsschlucht von La Aldea belohnt: links unter uns die Hochebene Vega de Acusa, rechts davon der Stausee Paralillo, darüber an einer abschüssigen Steilwand die Häuser von El Carrizal inmitten einer bizarren, abweisenden Gebirgswelt. Am Horizont dämmert der Schatten der Nachbarinsel Teneriffa mit dem häufig weiß aufscheinenden Gipfel des Teide.

5 Auf der Tirma-Piste zur Steilküste im Nordwesten

Gemütlicher Abstieg durch herbe, rauhe Landschaft

Forsthaus Cortijo de Tirma – Casas de Tirma – La Portada – Andén Verde

Talort: Artenara, 1230 m (Endhaltestelle der Buslinie 220).
Ausgangspunkt: Forsthaus Cortijo de Tirma, 1200 m (an der Straße zum Tamadaba bei Km 7; keine Busverbindung, Anmarsch möglich mit Tour 2, 2 Std. von Artenara).
Endpunkt: Andén Verde, 578 m, an der Küstenstraße Agaete – La Aldea bei Km 56 (Haltestelle der Buslinie 101).
Gehzeiten: Forsthaus Cortijo de Tirma – Casas de Tirma 2½ Std., Casas de Tirma – La Portada 1½ Std., La Portada – Andén Verde 30 Min.; Gesamtzeit 4½ Std. (18 km).
Höhenunterschied: Im Aufstieg 125 m, im Abstieg 750 m.
Anforderungen: Einfache, aber lange Wanderung auf stets breiter Forstpiste.
Variante: Wer möglichst rasch nach El Risco/Agaete gelangen möchte, verläßt die Tirma-Piste an den Casas de Tirma und geht rechts auf breitem Weg um das Anwesen herum. An der Gabelung 5 Min. später hält man sich wiederum rechts. Der breite Erdweg verläuft in nördlicher Richtung und endet nach 400 m an einem Plateau; am letzten weißen Markierungsstein zur Rechten startet ein zeitweise anstrengender Wanderpfad, auf dem man – entlang eines Bergrückens, stets den Markierungssteinen folgend – ca. 480 m hinabsteigt. An einer Häusergruppe vorbei geht man auf der Piste zur Küstenstraße hinab, biegt rechts ein und erreicht nach 125 m das Ortszentrum von El Risco mit der Bar Perdomo. Von hier starten Busse der Linie 101 ins 13 km entfernte Agaete (Casas de Tirma – El Risco, 45 Min.).

Das Tirma-Tal wird im Norden vom Tamadaba, im Osten und Südwesten von den Ausläufern des Altavista abgeriegelt; zur Küste hin ist es weit geöffnet. Kein Dorf gibt es hier und keinen Weiler, nur drei einzelne Gehöfte trotzen der Einsamkeit. Sie gehören allesamt der Inselregierung, die ein ehrgeiziges Programm zur Wiederaufforstung betreibt.
Am Eingang zum **Forsthaus Cortijo de Tirma** befindet sich eine Schranke;

Blick zurück von La Portada.

Autos dürfen hier nur mit Sondergenehmigung des Cabildo passieren. Wanderer können sich deshalb über 4 Stunden auf breiter Piste treiben lassen und genießen einen unbeschwerten Abstieg zur Küste. Anfangs durchschreitet man eine Landschaft, die mit ihren sanft ansteigenden Hängen an europäische Mittelgebirge erinnert. Nach 4,5 km liegt zur Rechten der kleine Stausee Embalse del Vaquero, in der Ferne wird bereits der helle Küstensaum von El Risco sichtbar. 30 Minuten später beginnt der Abstieg in den Barranco Hoya del Laurel. Kiefern gibt es hier kaum noch, fortan dominieren die der Trockenheit angepaßten Tabaibabüsche. Nach insgesamt 10 km passieren wir die Häusergruppe **Casas de Tirma** (555 m, vgl. Variante). Das Chalet zur Rechten mit Lorbeer- und prächtigen Drachenbäumen mutet inmitten der kargen, von Ocker- und Brauntönen geprägten Landschaft wie ein kleines Paradies an. Unsere Piste führt uns weiter in Richtung Westen, südlich verlängert sich die Bergkette von der Hoya de Escobón (1107 m) über die Cueva del Humo (910 m) zum Tirma (844 m), dem legendären Tempelberg der Altkanarier. Die Wanderpiste verläuft anfangs eben, steigt später leicht an; mehreren links abzweigenden Pisten schenken wir keine Beachtung. Nach insgesamt 16 km gelangen wir zur Finca **La Portada** (674 m), wo wir eine von Hunden bewachte Schranke passieren.

Wir folgen der Piste jetzt noch 2 km abwärts zur Straße und genießen dabei einen herrlichen Ausblick: Fast senkrecht stürzen die Klippen zum Meer hinab. An der Bushaltestelle stoßen wir auf die C-810, die von Agaete nach La Aldea führende wild-romantische Küstenstraße.

6 Von Los Berrazales zum Tamadaba

Über ein malerisches Höhlendorf durch geheimnisumwitterten Kiefernwald

Los Berrazales – El Sao – El Hornillo – Presa de los Pérez – Siete Pinos – Nordkreuzung Tamadaba – Picknickplatz Tamadaba

Ausgangspunkt: Berghotel Los Berrazales, 370 m (Haltestelle der Buslinie 102).
Endpunkt: ICONA-Picknickplatz Tamadaba, 1200 m (an einer für Autos zugelassenen Piste 500 m nördlich der Tamadaba-Nordkreuzung, keine Busverbindung).
Gehzeiten: Los Berrazales – Staumauer Los Pérez 1½ Std., Los Pérez – Siete Pinos 1¼ Std., Siete Pinos – Picknickplatz Tamadaba 30 Min.; Gesamtzeit 3¼ Std. (11,2 km).
Höhenunterschied: 950 m im Aufstieg, 120 m im Abstieg.
Anforderungen: Wanderung auf gut ausgebauten Wegen, aufgrund des zu bewältigenden Höhenunterschieds zeitweise anstrengend.
Einkehr und Unterkunft: Café, Restaurant und Hotel in Los Berrazales; Zelten möglich nahe dem Picknickplatz Tamadaba.
Varianten: Kombinationsmöglichkeit mit Tour 10 (ab Presa de los Pérez) und Tour 7 (ab Picknickplatz Tamadaba). Letztere erlaubt die Rückkehr nach Los Berrazales via San Pedro: eine großartige Rundwanderung, für die 6½ Std. einzuplanen sind (Höhenunterschied von etwa 2000 m).

Diese Wanderung führt uns durch eine wild-romantische Schlucht. Zur Rechten die verwitterten, senkrecht aufragenden Hänge des Tamadaba, in der Steilwand zur Linken das Höhlendorf El Hornillo – wie Vogelnester sind die Häuser in vulkanisches Gestein geschlagen. Oberhalb des Pérez-Stausees beginnt der herrliche Tamadabawald. In den Zweigen der Kiefern verfangen sich Wolkenschwaden, Bartflechten flattern von den Bäumen herab. Im Unterholz wächst Farn- und Heidekraut, es riecht nach Pilzen und feuchter Erde.

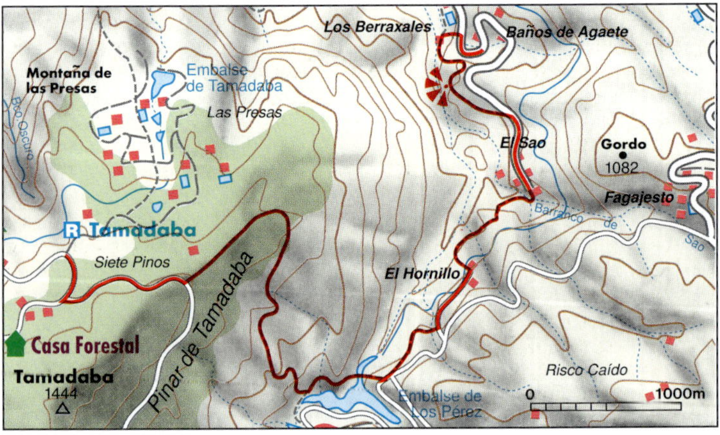

Der ursprüngliche Eingang zum Camino Real befindet sich in der großen Kurve zwischen dem Hotel und der Wasserabfüllanlage in **Los Berrazales**. Solange er durch ein verschlossenes Eisentor privatisiert bleibt, ist als Einstieg jener Weg zu wählen, der die Straße 100 m talabwärts – direkt gegenüber der Wasserabfüllanlage – verläßt und zum Talgrund hinabführt.
Wir überqueren eine schmale Brücke, halten uns links und folgen einem Weg, der sich im Schatten von Kiefern und Zypressen aufwärtsschraubt. Ab erster Kammhöhe (Montaña de las Vueltas, ›Berg der Kehren‹) verläuft der Weg knapp unterhalb einer Asphaltpiste und mündet nach 400 m in diese ein. Wir halten uns rechts und gelangen nach weiteren 400 m zu einem Parkplatz unterhalb des Dorfes **El Sao**. Hier ist die Welt moderner Verkehrserschließung zu Ende: Seit Jahrhunderten wird die Steilstufe des Barrancos durch einen steingepflasterten Camino Real überwunden – die einzige Verbindung zwischen den Bergdörfern El Sao und El Hornillo.
Über Stufen steigen wir zu den ersten Häusern hinauf, anschließend verläuft der Weg höhehaltend in weitem Bogen entlang einer Felsausbuchtung. Wir kommen an einer Wassermühle (Molino de Abajo) vorbei, die um die Jahrhundertwende erbaut wurde, heute aber außer Betrieb ist. Der Camino schlängelt sich bergauf, passiert gelblich getönte Tuffsteinfelsen und unbewohnte Höhlen. Passionsblumen und Salbeisträucher säumen ihn, in schattigen Mulden wachsen Lorbeerbäume. An einer Gabelung halten wir uns links und erreichen durch ein Spalier von Bambusrohr den Kirchplatz von **El Hornillo**. Von hier folgen wir der Asphaltstraße in südlicher Richtung und wenden uns nach 20 Minuten an der unübersichtlichen Kreuzung der rechts hinabführenden Straße zu, die nach 250 m die Staumauer des **Presa de los Pérez** erreicht.
Nachdem wir diese überquert haben, setzen wir unsere Wanderung auf dem breiten Weg zwischen dem Wasserkanal und dem Felshang fort. Rasch gewinnt der Weg an Höhe, quert ein Barrancobett und gabelt sich nach etwa 15 Minuten. Hier halten wir uns rechts. Der Weg durchschreitet eine Talsohle und steigt in Kehren weiter an. Je höher wir kommen, desto imposanter wird der Ausblick: Unter uns die Stauseen Pérez und Lugarejos, eingerahmt von kleinen terrassierten Feldern. Später erkennen wir Agaete, die Weiler Lugarejos und Las Arbejas, im Hintergrund Artenara und der Roque Nublo. Im weiteren Verlauf beschreibt der Weg eine ausgedehnte Linkskurve und hält sich dann auf Südwestkurs. Er passiert ein kleines Plateau und mündet zwei Minuten später in die Nordostkurve der Tamadaba-Ringstraße. Die durch eine niedrige Steinmauer markierte Stelle trägt die geographische Bezeichnung **Siete Pinos**.
Wir folgen der Straße 15 Minuten nach rechts zur Nordkreuzung Tamadaba. Hier biegen wir rechts ab auf die Piste und halten uns an der Gabelung nach 400 m ein weiteres Mal rechts. Wenig später erreichen wir den **Picknickplatz Tamadaba** der ICONA, das Ziel unserer Wanderung.

7 Vom Tamadaba ins Tal von Agaete

Abenteuerlicher Pilgerpfad entlang der Abbruchkante des Tamadaba

Picknickplatz Tamadaba – Mirador de la Vuelta del Palomar – Roque Bermejo – San Pedro

Kultplatz am Roque Bermejo.

Ausgangspunkt: ICONA-Picknickplatz Tamadaba, 1200 m (an einer für Autos zugelassenen Piste 500 m nördlich der Tamadaba-Nordkreuzung, keine Busverbindung, Anmarsch möglich mit Tour 2 oder 6).

Endpunkt: San Pedro, 220 m (Haltestelle der Buslinie 102).

Gehzeiten: Picknickplatz Tamadaba – Mirador de la Vuelta del Palomar 1 Std., Mirador de la Vuelta del Palomar – Roque Bermejo 45 Min., Roque Bermejo – San Pedro 45 Min.; Gesamtzeit 2½ Std. (7,4 km).

Höhenunterschied: 1000 m im Abstieg, 20 m im Aufstieg.

Anforderungen: Anfangs bequem über Piste und Camino Real, später aufgrund des starken Gefälles anstrengend. Nach Stürmen oder starken Regenfällen sollte man den Weg wegen möglichen Steinschlags oder Glätte meiden.

Einkehr: Bar in San Pedro.

Unterkunft: Berghotel in Los Berrazales, Privatzimmer und Appartements in Agaete; Zelten möglich am Picknickplatz Tamadaba.

Variante: Um von San Pedro nach Los Berrazales weiterzuwandern, biegt man 50 m vor der Bar La Palma rechts ein und geht um die hohe Mauer des Schulgebäudes herum. Man folgt einem Weg, der an der Südostseite des Fußballplatzes startet und entlang der öffentlichen Stromleitung ins Tal hinaufläuft. An einem Elektrizitätsturm mit der Aufschrift UNELCO stößt er auf die Straße Agaete – Los Berrazales. Dieser folgt man 250 m aufwärts und geht rechts eine Piste hinab. Nach knapp 5 Min., bevor die Piste an einem Erdplateau endet, wechselt man in einen Weg über, der links zwischen den Mauern zweier Fincas emporführt. Über eine schmale Brücke quert man den dichtbewachsenen Barrancogrund, hält sich rechts und geht am Ziegenstall vorbei aufwärts. 2 Min. später erreicht man die Straße an der Wasserabfüllanlage von Los Berrazales, wo sich eine erste Bushaltestelle befindet. Eine zweite gibt es 250 m aufwärts, direkt am Eingang zum Berghotel Princesa Guayarmina (San Pedro – Los Berrazales 45 Min., 2,2 km).

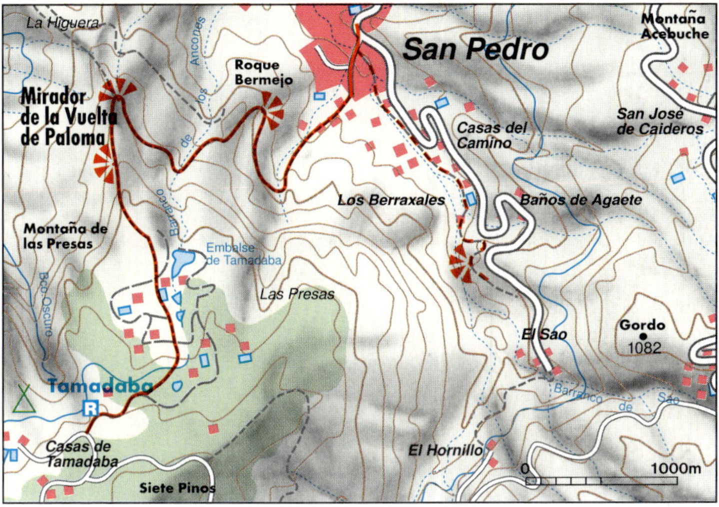

Der Abstieg durch den duftenden Kiefernwald von Tamadaba führt uns zu Aussichtspunkten mit phantastischem Fernblick. Unter den Kanariern ist der romantische Weg als ›Pilgerpfad‹ (Camino de los Romeros) bekannt. Zweimal im Jahr bildet er die Kulisse für das ›Fest des Zweiges‹, die Bajada de las Ramas: Ende Juni feiern die Bewohner von San Pedro, fünf Wochen später die von Agaete. Unter dem Leuchtschein von Fackeln steigen Männer und Frauen zum Tamadaba-Wald hinauf und pflücken Kiefern- und Lorbeerzweige, die sie zu mächtigen Wedeln schnüren. Zum Morgengrauen steigen sie zur altkanarischen Kultstätte des Roque Bermejo hinab: Auf dem Plateau wird Suppe ausgeschenkt, danach kehrt die Menge unter archaisch-rhythmischem Trommelschlag in den Talgrund zurück.

Um zum **Picknickplatz Tamadaba** zu gelangen, folgen wir von der Nordkreuzung Tamadaba der Piste – anfangs Asphalt, später Erdpiste – in nördlicher Richtung. An der Gabelung nach 400 m halten wir uns rechts und kommen so am von der Forstgesellschaft ICONA eingerichteten Picknickplatz vorbei. Nach weiteren 400 m versperrt eine Kette die Durchfahrt, sie signalisiert Privatbesitz. Die Umweltabteilung der Inselregierung hat jedoch vom Eigentümer die Erlaubnis erwirkt, daß Wanderer die hier angelegten Wege benutzen dürfen.

250 m hinter der Kette biegen wir in einen Weg ein, der links den Berg hinabführt und durch Seitenmauern gekennzeichnet ist. Nach einigen Minuten erreichen wir nacktes Felsgestein, der Weg verläuft zur Linken des

Talgrunds. Weichen Sie hier bitte nicht vom markierten Weg ab: Der Besitzer der Finca (auf geographischen Karten als Casas de Tamadaba bzw. Cortijo de Sansó vermerkt) hält zwei kanarische Wachhunde, deren Bekanntschaft niemandem zu empfehlen ist! Im weiteren Verlauf kreuzen mehrere Erdpisten unseren Weg, stets zeigen Seitenmauern an, wo wir weitergehen müssen.
Bis zur Staumauer des Sees La Hoya bleiben wir in nördlicher Richtung, anschließend schwenkt der Weg auf Nordwest und verläuft am Westhang des 1083 m hohen Berges Las Presas entlang. Am Lomo del Laurelillo genießen wir die Aussicht auf eine dramatische Felslandschaft. 10 Minuten später – nach 700 m langem Abstieg – ein weiterer grandioser Ausblick: Am **Mirador de la Vuelta del Palomar** sehen wir vor uns die Guayedraschlucht und die zerklüfteten Hänge des Tamadaba, über dem Meer erhebt sich der Gipfel des Teide auf der Nachbarinsel Teneriffa. Rechts wird der Oberlauf des Tals von Agaete sichtbar, per Luftlinie nur gut 2 km von uns entfernt.
Wir setzen den Abstieg in südöstlicher Richtung fort, innerhalb von 2 km ist ein Höhenunterschied von mehr als 800 m zu überwinden. Wir überqueren den Barranco de María und passieren den Felsmonolithen Peñon de la Gota. Im Zickzack führt unser Weg bergab und stößt vorbei an terrassierten Feldern auf ein rundes, steingepflastertes Plateau. Auf Karten wird es als Era de Berbique (oder Bibique) vermerkt, der vor uns liegende, rötlich gefärbte Felsberg trägt den Namen **Roque Bermejo** (628 m).
Der steingeplasterte Weg setzt sich östlich des Plateaus abschüssig fort und passiert hoch aufragende, bizarr geformte Felsen. Mehr als 50 Höhlen wurden hier aus dem vulkanischen Tuffgestein herausgeschlagen. Sie sind durch Stufen und Gänge miteinander verbunden und werden von den Talbewohnern Cuevas de Berbique genannt. In prähispanischer Zeit dienten sie Altkanariern als Wohnstätte, heute werden sie von Hirten als Ziegenstall genutzt. Der Weg führt rechts an den Höhlen vorbei und erreicht nach vielen Serpentinen den Talgrund, wo eine Quelle wohltuende Erfrischung bietet. Bald darauf erblicken wir zur Rechten die ersten Mandel- und Palmenbäume – San Pedro ist nicht mehr fern. Der Weg verläuft nun parallel zum Barrancogrund, führt über einen Bergrücken hinab. Schließlich überquert er einen Wasserkanal, kommt vorbei an Häusern und trifft auf einen großen Eukalyptusbaum, auf dem eine Tafel mit der Aufschrift »Camino de los Romeros« (Weg der Pilger) befestigt ist. Über eine Straße, die hier ihren Ausgang nimmt, gelangen wir – rechts vorbei an der Bar La Palma – zum Kirchplatz von **San Pedro**. Von dort führt ein Weg zur Bushaltestelle an der Straße Agaete – Los Berrazales hinauf.

Der Wanderweg führt entlang kiefernbewachsener Steilhänge.

8 Zum Strand von Guayedra

Runde ab Agaete: Über karge Hänge zu einem abgelegenen Kiessandstrand

Agaete – Küstenstraße nach La Aldea, Km 39 – Playa de Guayedra – Küstenstraße nach La Aldea, Km 39 – Degollada Horno del Cal – Agaete

Ausgangspunkt: Kirchplatz Agaete, 75 m (Haltestelle der Buslinien 101-103).
Gehzeiten: Kirchplatz Agaete – Küstenstraße, Km 39 30 Min., Küstenstraße, Km 39 – Playa de Guayedra 30 Min., Playa de Guayedra – Degollada Horno del Cal 1 Std., Degollada Horno del Cal – Agaete 30 Min.; Gesamtzeit 2½ Std. (7 km).
Höhenunterschied: Insg. knapp 1000 m.
Anforderungen: Leichte bis mittelschwere Wanderung auf Piste und gut markiertem Weg; erhebliches Gefälle zwischen Km 39.4 und Guayedra sowie vom Kalkofen abwärts.
Einkehr: Bars und Restaurants in Agaete.
Unterkunft: Privatzimmer und Appartements in Agaete und Puerto de las Nieves.
Variante: Wanderweg vom Kalkofen zum Roque Bermejo (Trittsicherheit erforderlich): Man folgt dem Weg, der sich ostwärts den Hang hinaufwindet. Er ist an einigen Stellen von Tabaibagewächs überwuchert, bildet sich aber auf dem Bergrücken wieder deutlich heraus und leitet über eine markante Talsohle südostwärts. In der Folge hält man sich halblinks, einem sanft aufwärtsführenden Ziegenpfad an der steilen Felswand entlang folgend. Nach gut 30 Min. verbreitert sich der Pfad, an einer romantischen Wegbiegung sprudelt eine Quelle. Bereits wenig später sichten wir den Roque Bermejo und betreten die Era de Berbique, eine Ebene mit einem kreisrunden, gepflasterten Plateau (628 m). Rechts führt der gut ausgebaute Camino Real zum Tamadaba hinauf, links nach San Pedro hinab – mit Anschluß nach Los Berrazales (Tour 7).

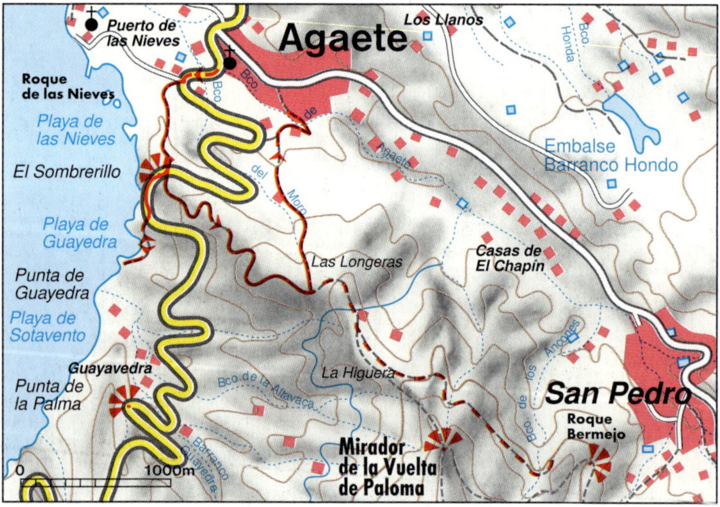

Blick hinab auf den Hafen Puerto de las Nieves, im Vordergrund der Fels Dedo de Dios.

Am Fuße gewaltiger Steilklippen vereinen sich kleinere Schluchten zum Tal von Guayedra, das sich breit zum Meer öffnet. Seine Talsohle ist eine kleine grüne Oase – nach der Conquista lebte hier der entthronte König der Altkanarier, der Guanarteme von Gáldar. Auch heute noch gibt es hier eine Finca, die fast an die Küste heranreicht. Der abgelegene Strand ist öffentlich, wird von Kanariern aber meist nur an Wochenenden besucht.
Vom Kirchplatz in **Agaete** folgen wir der Straße in Richtung Hafen und erreichen nach 600 m die Abzweigung Richtung La Aldea de San Nicolás. Rechts von dem mit überdimensionalen Eiern geschmückten Haus (Besitzer ist ein berühmter kanarischer Politiker) führt eine Piste den Hang hinauf, von der nach 50 m scharf links der Königspfad nach Guayedra abzweigt. Er ist in größeren Abständen durch Stufen befestigt und führt in gut 15 Minuten zu einer markanten Linkskurve an der Straße Agaete – La Aldea (Km 39.0). Wir folgen der Straße nach rechts, genießen nach 200 m einen herrlichen Ausblick auf Puerto de las Nieves mit dem ›Finger Gottes‹ (El Dedo de Dios) rechts unten im Bild. Nach weiteren 200 m verlassen wir die Straße auf einem gut sichtbaren, befestigten Weg, der uns über zahlreiche Stufen hinabführt. Die steilen Hänge sind von Strauchwerk bewachsen, dazwischen mächtige Tabaibapflanzen mit knorrigen Stämmen. Auf den letzten 200 m verliert sich der Weg. Wir halten uns halblinks und gehen zwischen Felsen in den Tal-

Strandbegleiter. – Rechts: Erfrischendes Bad am Strand von Guayedra.

grund hinab – vor uns eine eingezäunte, von Hunden bewachte Finca. An ihr vorbei gelangen wir zum Strand von **Guayedra**, an dem meist auch einige Zelte aufgestellt sind. Der Strand ist dunkel und steinig, längere Sandabschnitte finden sich an der Nordseite der Bucht.

Wollen wir nicht auf gleichem Weg zurückgehen, wechseln wir bei Km 39 der Straße Agaete – La Aldea auf die rechte Straßenseite und gehen 30 m den Hang hinauf. Hier stoßen wir auf eine Piste, der wir nach links folgen. Sie gewährt an zwei Stellen herrliche Ausblicke auf die nordwestliche Steilküste, bevor sie sich endgültig dem Agaete-Tal zuwendet. Nach 25 Minuten kommen wir zu einer Talsohle mit einem nicht mehr benutzten **Kalkofen** (horno del cal), ein in den Hang eingelassener Rundbau aus grob zusammengefügten Steinen. Südwärts bietet sich ein schöner Blick in die Guayedra-Schlucht, zu der leider kein Weg hinabführt (der rechts abzweigende, deutlich sichtbare Pfad endet nach 15 Minuten an einem Wasserkanal). Gleichfalls ignorieren wir den Pfad, der sich links den Hang hinaufwindet und zum Roque Bermejo führt (vgl. Variante).

Wir gehen auf direktem Weg nach Agaete zurück, wählen den schmalen, vom Kalkofen nordwärts hinabführenden Pfad – er verläuft anfangs steil, dann mäßig abfallend zur Linken des Barrancogrunds. An einer Einsattelung gehen wir rechts an dem vor uns liegenden Hang entlang abwärts. Der Pfad ist streckenweise überwuchert, doch die Orientierung fällt leicht: Vor uns sehen wir einen umzäunten Wasserspeicher, an dem wir links vorbeigehen. Hier stoßen wir auf eine Piste, der wir in Richtung Talgrund folgen. Wir überqueren diesen auf einem von der Piste abzweigenden Trampelpfad und erreichen so die Calle San Germán, eine kleine Straße südöstlich des Ortszentrums von **Agaete**.

9 Von Agaete nach La Caleta und El Juncal

Gemütlicher Küstenspaziergang zu Klippen und Felsbuchten

Agaete – Playa El Juncal – Playa La Caleta – Puerto de las Nieves

Ausgangspunkt: Kirchplatz Agaete, 75 m (Haltestelle der Buslinien 101-103).

Endpunkt: Puerto de las Nieves, 10 m (Haltestelle der Buslinien 101-103).

Gehzeiten: Kirchplatz Agaete – Playa El Juncal 1 Std., Playa El Juncal – Playa La Caleta 30 Min., Playa La Caleta – Puerto de las Nieves 30 Min.; Gesamtzeit 2 Std. (5,5 km).

Höhenunterschied: Insgesamt 300 m.

Anforderungen: Leichte Küstenwanderung auf Wegen und Pisten.

Einkehr: Bars und Restaurants in Agaete und Puerto de las Nieves.

Unterkunft: Privatzimmer und Appartements in Agaete und Puerto de las Nieves.

Variante: Folgt man von Puerto de las Nieves der Straße nach Agaete, so kommt man nach 800 m zur Casa de los Huevos, dem ›Haus mit den Eiern‹ an der Abzweigung nach La Aldea de San Nicolás; ab hier Anschlußwanderung zum Strand von Guayedra mit Tour 8.

Senkrecht aufragende Basaltwände erstrecken sich von Guayedra bis Sardina im äußersten Nordwesten der Insel; unterbrochen werden sie von kleinen Buchten im Mündungsdelta der Barrancos. Zum Schwimmen ist vor allem El Juncal geeignet, ein weit ins Land eingeschnittener Kiesstrand.

Vom Kirchplatz in **Agaete** folgen wir der Straße 300 m Richtung Gáldar bis zur Tankstelle, wo wir links eine abschüssige Asphaltpiste hinabgehen. An der Gabelung im Talgrund wählen wir den aufwärts führenden Weg zum Friedhof. Wir gehen rechts um ihn herum und nach 100 m halbrechts weiter auf dem Schotterweg. Nach weiteren 150 m verlassen wir den zum Felsstrand La Caleta führenden Weg und biegen rechts in eine nordostwärts weisende Piste ein. Nach 350 m erreichen wir eine ummauerte Plantage, gehen links an ihr vorbei, dann geradeaus weiter auf schmalem Pfad. Wir durchqueren ein Talbett, gehen erst hangaufwärts, dann rechts entlang einer Steinmauer. Eine links abzweigende Piste ignorieren wir und verbleiben auf dem schmalen Weg parallel zur Küste, der sich 5 Minuten später bei einer geräumigen Höhle teilt. Der linke Weg führt in knapp 10 Minuten zu einem

Auf dem Weg nach Puerto de las Nieves.

Berg mit herrlicher Aussicht, von dort erkennen wir zur Rechten bereits das erste Strandziel. Zurück an der Höhle, folgen wir dem links abzweigenden Pfad, der zum Talgrund steil abfällt und uns in 15 Minuten zum Kiesstrand von **El Juncal** bringt. Der Strand liegt in einer weit ins Land eingeschnittenen einsamen Bucht, meist wird man hier nur einem Hirten mit seinen Ziegen begegnen.
Wir kehren in Richtung Agaete bis nahe der ummauerten Plantage zurück und biegen 70 m nach Durchschreiten des Talbetts rechts in einen kleinen Pfad ein, dem wir 300 m entlang der linken Hangseite folgen. Wir gelangen so zu einem kleinen Plateau, von dem ein bequemer Treppenweg in 10 Minuten zum Felsstrand **La Caleta** hinabführt. Bei Ebbe und ruhiger See empfiehlt sich ein 15minütiger Abstecher in Nordrichtung nach Los Roncaderos, einer wasserspeienden Höhle.
Zurück am Plateau, halten wir uns diesmal rechts und wählen den dicht an der Küste entlangführenden Pfad. Eine Piste bringt uns schließlich hinab zur Promenade von **Puerto de las Nieves**, die uns direkt zum Ortskern führt. Am Restaurant Dedo de Dios (mit Kiesstrand) lohnt ein Abstecher auf die alte Mole, an der neuen Anlegestelle zur Rechten legen Schiffe aus Teneriffa an.

10 Vom Stausee Los Pérez nach Artenara

Aus dem grünen Agaete-Tal in das zentrale Hochland

Presa de los Pérez – Lugarejos – Cruz de las Mentiras – Artenara und zurück

Talort: Los Berrazales, 370 m (Haltestelle der Buslinie 102).
Ausgangspunkt: Presa de los Pérez, 850 m (keine Busverbindung, Anmarsch möglich mit Tour 6; 1½ Std.).
Gehzeiten: Presa de los Pérez – Lugarejos 30 Min., Lugarejos – Cruz de las Mentiras 30 Min., Cruz de las Mentiras – Artenara 1¼ Std., Rückweg 2 Std.; Gesamtzeit 4¼ Std. (15 km)
Höhenunterschied: Insgesamt 1700 m.
Anforderungen: Leichte Wanderung auf gut ausgebautem Weg, Piste und wenig befahrener Straße.
Einkehr: Dorfladen in Lugarejos, Bars und Restaurants in Artenara.
Unterkunft: Herberge, Pension und Fincas in Artenara.

Variante: Abenteuerlich ist der Rückweg über den Wasserkanal. Vom Keramikmuseum in Lugarejos geht man zur Straße hinab und folgt dieser nach rechts, 50 m über die Staumauer hinaus. Hier biegt man in eine Piste ein, die sogleich wieder auf einem steil zum See hinabführenden Trampelpfad verlassen wird. Man erreicht den See nach 5 Min., quert diesen auf einer kleinen Mauer und biegt dann rechts in einen breiten, trockenen Wasserkanal ein. Nach knapp 10 Min. signalisiert eine Sperre im Kanal, daß man einem links abzweigenden Trampelpfad die Böschung hinauffolgen muß. Dieser mündet in den vom Tamadaba kommenden Camino Real, der in 2 Min. zur Nordmauer des Stausees Los Pérez geleitet.

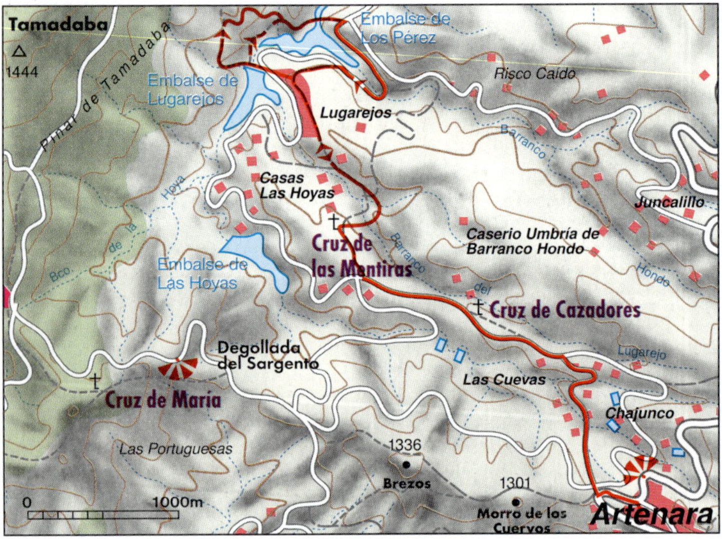

Oberhalb des Stausees Los Pérez.

Die Romantik des Weilers Lugarejos erschließt sich nur dem Wanderer. Seine Bewohner leben von Schafzucht, Landwirtschaft und Töpferei; im neuen Keramikzentrum werden traditionelle Produktionstechniken wiederbelebt. Über terrassierte Almwiesen steigen wir zu einem Bergrücken hinauf, genießen den Ausblick auf Weiden, Talsperre und Kiefernwald. Auch das Ziel der Wanderung wird bald sichtbar: Artenara, das höchstgelegene Dorf Gran Canarias.

Von der Nordmauer des **Presa de los Pérez** folgen wir der Straße in Richtung Lugarejos, die eine große Schleife um den an dieser Seite meist ausgetrockneten See macht. Nach knapp 15 Minuten, kurz vor einer Linkskurve, verlassen wir die Straße und biegen links in einen schmalen, aufwärtsführenden Weg ein. Unter uns sehen wir terrassierte Hänge und ein Gehöft, oberhalb des Stausees erstreckt sich lichter Kiefernwald. Nach wiederum 15 Minuten ignorieren wir einen links abzweigenden Weg und gehen stattdessen um die Felskuppe herum, an der sich das Keramikmuseum von **Lugarejos** befindet. Wir folgen dem schmalen Dorfweg in südöstlicher Richtung und ignorieren mehrere Abzweigungen zur Rechten. Nach 5 Minuten weitet sich der Weg zur Betonpiste. Wir passieren den einzigen Laden des Dorfes, wo man schmackhaften Bergkäse kaufen kann (Tienda de Corinna, öffentliches Telefon 666116), sowie die Dorfpension und die Kirche. An der nächsten Rechtskurve verlassen wir die Straße, um geradeaus auf einer Piste

weiterzugehen; an den zwei kurz aufeinanderfolgenden Gabelungen halten wir uns jeweils rechts. Der Weg geleitet uns knapp oberhalb des Talgrunds zu einer Brücke, über die wir auf die rechte Barrancoseite überwechseln. Ein steingepflasterter Camino Real setzt sich am Hang entlang fort, schraubt sich in vielen Serpentinen 20 Minuten aufwärts zu einem Holzkreuz, dem **Cruz de las Mentiras**. Von dort genießen wir einen weiten Blick über die terrassierten Hänge von Lugarejos im Norden, den Kiefernwald von Tamadaba im Westen und das Bergdorf Artenara im Südosten. Wenige Minuten später mündet der Camino Real in eine Piste, auf der wir nach 10 Minuten einen Elektrizitätsturm an der Straße Artenara – Coruña erreichen.
Wir folgen der Straße 600 m nach links bis zu einem Kreuz, dem **Cruz de Cazadores**, mit dem sich jagdlüsterne Kanarier im Mai 1995 ein Denkmal setzten. Ab hier können wir noch einmal dem alten Camino Real folgen, der links oberhalb der Straße verläuft und sich nach etwa fünf Minuten erneut mit ihr vereint. Noch 150 m bleiben wir auf der auf dem Bergkamm verlaufenden Straße, blicken ein letztes Mal auf die sanften, grasbewachsenen Hänge zur Linken hinab. Dann biegen wir rechts in eine Betonpiste ein, die steil zur Häusergruppe **Las Cuevas** hinabführt. Neben ersten modern anmutenden Häusern sehen wir hier noch zahlreiche Höhlenbehausungen, die teilweise als Ziegenställe genutzt werden und von Agaven und Weihnachtssternen eingerahmt sind. Die Piste quert den Talgrund, berührt den Weiler **Chajunco** und erreicht nach 600 m die Gabelung am ummauerten Fußballplatz von Artenara. Wir halten uns rechts und stoßen nach 50 m auf die Tamadaba-Straße, der wir links zum Ortszentrum von **Artenara**, 1230 m (Endhaltestelle der Buslinie 220) folgen.
Den Rückweg verbinden wir mit einem Abstecher zum neuen Aussichtsplateau (200 m auf der Straße nach Las Palmas/Cruz de Tejeda). Von dort folgen wir einer in den Talgrund hinabführenden Piste, gehen rechts um den runden Theaterplatz herum und folgen der Straße 200 m geradeaus in westlicher Richtung. Vor dem ummauerten Sportplatz biegen wir in die rechts hinabführende Straße ein – der nachfolgende Abschnitt bis zum Keramikmuseum von **Lugarejos** ist uns vom Hinweg vertraut.
Beim Museum gehen wir über Steinstufen zur Straße hinab und folgen dieser einige Schritte nach rechts. Wir queren die Süd-Staumauer und stoßen auf einen Camino Real, der zum Tamadaba hinaufführt (vgl. Tour 6). Nach knapp 20 Minuten erreichen wir eine Gabelung, folgen dem rechts abzweigenden, gleichfalls gut restaurierten Weg. Auf ihm gelangen wir nach weiteren 20 Minuten zum Ausgangspunkt unserer Tour, der Nordmauer des **Presa de los Pérez**.

Auf dem Weg zum ›Kreuz der Lügen‹.

11 Von Artenara nach Fontanales

Spaziergang zu einem erloschenen Vulkan, Abstieg über grüne Fluren und Felder

Artenara – Cruz de los Moriscos – Mirador Pinos de Gáldar – Fontanales

Ausgangspunkt: Kirchplatz Artenara, 1230 m (Haltestelle der Buslinie 220).
Endpunkt: Fontanales, 1000 m (Haltestelle der Buslinien 113 und 127).
Gehzeiten: Artenara – Cruz de los Moriscos 1¾ Std., Cruz de los Moriscos – Mirador Pinos de Gáldar 45 Min., Mirador Pinos de Gáldar – Fontanales 1¼ Std.; Gesamtzeit 3¾ Std. (10,9 km).
Höhenunterschied: 480 m im Aufstieg, 710 m im Abstieg.
Anforderungen: Aufgrund des Höhenunterschieds etwas anstrengende, ansonsten aber bequeme Wanderung auf vorwiegend gut ausgebautem Camino Real.
Einkehr: Bars und Restaurants in Artenara und Fontanales.
Unterkunft: Herberge, Pension und Fincas in Artenara, Zelten am Berg Montaña de Artenara, Hotel und Fincas in Fontanales.
Varianten: 1. Wem der Lavaabstieg ab Vulkankrater Pinos de Gáldar zu anstrengend erscheint, der folgt der nach Artenara führenden Straße 150 m und biegt dann rechts in einen anfangs steingepflasterten Pfad ein; dieser führt steil abwärts und vereint sich nach 5 Min. mit dem Hauptweg.
2. Ab Pinos de Gáldar Kombinationsmöglichkeit mit Tour 12 nach Guía.
3. Von Fontanales Anschlußwanderungen mit Tour 14 (nach Teror) und Tour 15 (nach Valleseco). Wer Lust auf einen Spaziergang durch den Barranco de los Tilos hat, geht über die Ortskirche zur Calle La Feria hinab: der Weg startet am Haus Nr. 8, knapp 2 Std. später ist der Lorbeerwald von Moya erreicht.

Nach einer aussichtsreichen Kammwanderung entlang der Wetterscheide lernen wir zwei »Lavaberge« kennen. Beide gehören zu den ›frischen‹ Vulkanen Gran Canarias, sind nur etwa 3000 Jahre jung. Reizvoll ist auch der Anschlußweg nach Fontanales, der durch dichten Kiefernwald, anmutige Weidenteppiche und verträumte Eukalyptushaine führt.
Vom Kirchplatz in **Artenara** folgen wir der Straße 400 m hinauf zur Kapelle der Höhlenjungfrau La Cuevita. Vor dem rötlichen Felsblock, in den die Kapelle eingelassen ist, führen Treppen steil bergan. Der Weg schraubt sich 5 Minuten aufwärts und geleitet uns vorbei an Höhlenhäusern zum Plateau an der Degollada Cruz de Toríl. Wir folgen der Zementpiste links hinab, queren die Asphaltstraße und steigen einen Pfad auf ausgetretenen Stufen bergauf. Nach 200 m halten wir uns an der Gabelung rechts und gehen weiter aufwärts. Wir ignorieren eine links abzweigende Piste, bleiben weiter auf Ostkurs.
40 Minuten später beschreibt der Weg eine scharfe Linkskurve und führt bergauf zum **Cruz de los Moriscos**, einem Steinkreuz aus dem Jahr 1913 am Nordwesthang des gleichnamigen Berges (1771 m). An der folgenden Pistenkreuzung ignorieren wir den scharf rechts hinaufführenden Weg, gehen rechts weiter in östlicher Richtung. Nach nur 150 m biegen wir links ab in einen mit Vulkanasche bedeckten Weg, der durch Kiefern- und Kastanien-

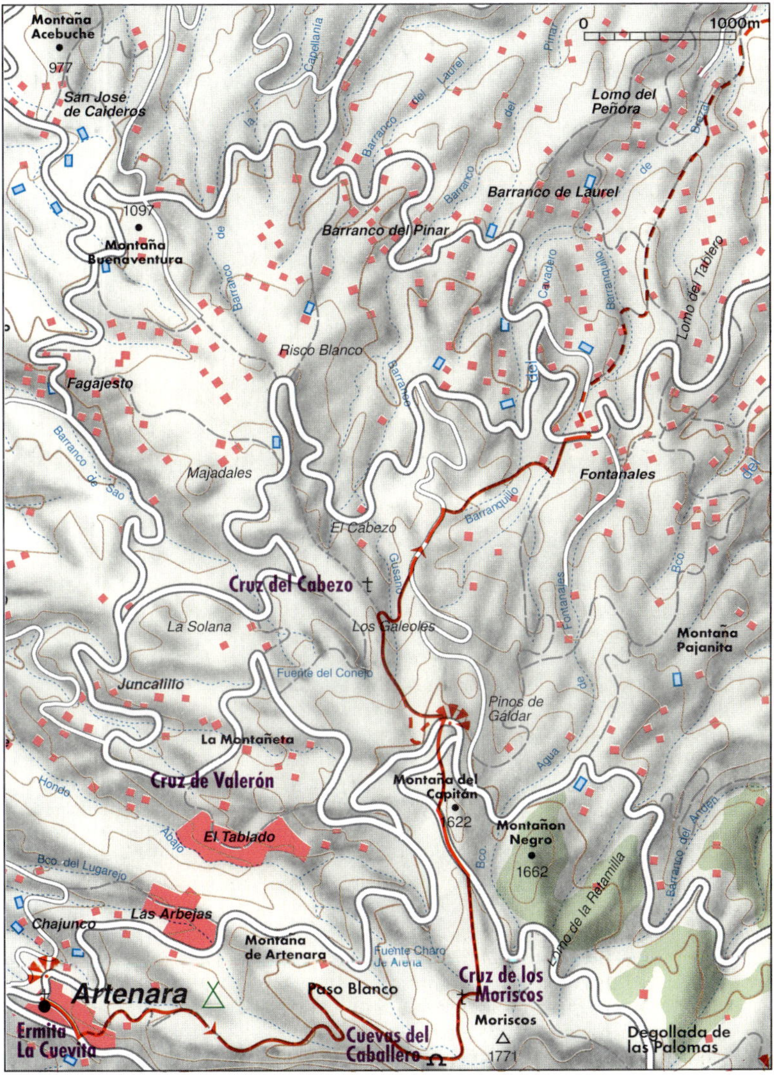

0
1000m
Montaña Acebuche
977
San Jose de Caideros
1097
Montaña Buenaventura
Barranco del Pinar
Barranco de Laurel
Lomo del Peñora
Lomo del Tablero
Risco Blanco
Fagajesto
Barranco de Sao
Majadales
Fontanales
El Cabezo
Cruz del Cabezo
La Solana
Los Galeoles
Fuente del Conejo
Montaña Pajanita
Juncalillo
Pinos de Gáldar
La Montañeta
Cruz de Valerón
Montaña del Capitán
1622
Montañon Negro
1662
El Tablado
Bco. del Lugarejo
Lomo de la Retamilla
Las Arbejas
Chajunco
Montaña de Artenara
Artenara
Paso Blanco
Cruz de los Moriscos
Moriscos
1771
Ermita La Cuevita
Cuevas del Caballero
Degollada de las Palomas

Südlich von Pinos de Galdár.

wälder zur Straße Cruz de Tejeda – Pinos de Gáldar (Km 6.7) führt. Rechts vor uns, durch den Barranco Agua getrennt, der schwarze Aschekegel des **Montañón Negro**. Wir halten uns an der Straße links und folgen ihr 250 m, bevor wir sie auf einem rechts abzweigenden, anfangs steingepflasterten Weg verlassen. Dieser verläuft am Westhang des Berges **Montaña del Capitán** und geleitet uns durch jungen Kiefernwald mit Gesträuch aus Thymian und Ginster. Er mündet in eine mit Lavaasche bedeckte Ebene, die wir etwa 5 Minuten in nördlicher Richtung durchschreiten. Dabei schält sich eine Piste heraus, die auf eine unübersichtliche Straßenkreuzung zuläuft. Links führt die Straße nach Cruz de Tejeda, rechts nach Artenara/Las Palmas. Wir folgen der geradeaus, in dieser Richtung für Autos gesperrten Asphaltpiste abwärts und erreichen nach 500 m den **Mirador Pinos de Gáldar**. Vom Aussichtsplateau schauen wir in den zerborstenen Krater hinab, der zeitgleich zum Montañón Negro entstand. Am Westhang des Kraterrands wachsen einige mächtige, hundertjährige Kanarenkiefern, die dem Mirador seinen Namen verliehen (Pinos de Gáldar = Kiefern von Gáldar). Der gesamte Norden Gran Canarias läßt sich von hier überblicken.
Vom Aussichtsplateau folgen wir dem breiten, stark abschüssigen und von Seitenmauern flankierten Weg, der über den Lavahang des Vulkanbergs hinabführt. Nach gut 5 Minuten mündet von links der in der Variante beschriebene Pfad in die nun flacher abfallende Lavapiste ein. 10 Minuten

später erreichen wir eine Wegekreuzung am Bergkamm Lomo de los Galeotes. Links geht es nach Guía, wir halten uns rechts. Nach 5 Minuten passieren wir ein Haus zur Linken und kreuzen eine Piste. Der Weg zieht sich höhehaltend am Osthang des Berges Los Morretes entlang, tritt dann aus dem Kiefernwald heraus und stößt auf die von Pinos de Gáldar nach Fontanales führende Straße. Dieser folgen wir 400 m, mit Blick auf Las Palmas, und biegen dann rechts in einen Weg ein, der über die Hänge des Risco de la Atalaya hinabführt. Nach knapp 10 Minuten – vorbei an Kiefern- und Eukalyptushainen – erreichen wir den Bergrücken Lomo de la Cruz, an dem sich unser Weg in mehreren Schleifen hinabwindet. Im Tal zur Rechten entdecken wir Höfe und Viehweiden, dazwischen Kastanienbäume und Geißkleefelder. Im Talgrund überqueren wir eine kleine Brücke und folgen einer Piste (Hausaufschrift: Camino del Valle) in nördlicher Richtung. Vorbei an Mais- und Kartoffelfeldern erreichen wir die von Juncalillo nach Fontanales führende Straße (Calle Juan Mateo de Castro) bei Km 19.8. Wir befinden uns hier am westlichen Ortsrand. Um zum Zentrum von **Fontanales** zu gelangen, biegen wir rechts ein.

Ein Tag wie jeder andere.

12 Vom Mirador Pinos de Gáldar nach Guía

Vom Zentrum zur Nordküste: Tagestour durch eine mitteleuropäisch anmutende Berglandschaft

Mirador Pinos de Gáldar – Majadales – Tegueste – Guía

Ausgangspunkt: Mirador Pinos de Gáldar, 1510 m (an der Straße Teror – Artenara bei Km 13.3; Haltestelle der Buslinie 220, Anmarsch möglich mit Tour 11).
Endpunkt: Guía, 186 m (Haltestelle der Buslinien 101-103 und 113).
Gehzeiten: Mirador Pinos de Gáldar – Majadales 45 Min., Majadales – Tegueste 2 Std., Tegueste – Guía 1¾ Std.; Gesamtzeit 4¼ Std. (16 km).
Höhenunterschied: 1350 m im Abstieg, 25 m im Aufstieg.
Anforderungen: Leichte, aber lange Wanderung erst über Lava, dann auf steingepflastertem Pfad, Piste und Asphalt.
Einkehr: Bars und Restaurants in Hoya de Pineda und Guía.
Unterkunft: Jugendherberge am südlichen Ortseingang von Guía, Hotel in Anzofé.
Variante: Vgl. Tour 11, Variante 1.

Nach dem Abstieg über bewaldete Lavahänge weitet sich der Blick: Auf saftiggrünen Almen weiden Schafe und Ziegen, über sanft gewellte Hänge schaut man bis zur Nordküste hinab. In Hoya de Pineda wird noch auf altkanarische Art getöpfert, am Zielort Guía wird schmackhafter Käse (queso de flor) hergestellt.

Vom **Mirador Pinos de Gáldar** folgen wir dem breiten, stark abschüssigen und von Seitenmauern flankierten Weg, der über den Lavahang des Vulkanbergs hinabführt. Nach 15 Minuten erreichen wir die Wegekreuzung am Bergkamm Lomo de los Galeotes. Wir ignorieren den rechts nach Fontanales abzweigenden Pfad und halten uns links auf einem Weg, der sogleich wieder rechts einbiegt und unterhalb eines von einer Steinmauer gekrönten Bergkammes entlangläuft. Wir passieren das Steinkreuz **Cruz del Cabezo** und stoßen bei **Majadales** nach insgesamt 45 Minuten auf die Straße Juncalillo – Fontanales, der wir 700 m in nördlicher Richtung folgen. In einer ausgeprägten Rechtskurve biegen wir links in eine kleinere Straße ein, verlassen diese aber bereits nach 5 Minuten, um die Wanderung auf einer westwärts (geradeaus) führenden Erdpiste fortzusetzen. Nach 100 m ignorieren wir eine Abzweigung zur Linken, nach weiteren 100 m verengt sich die Erdpiste zu einem steingepflasterten Weg, der kurz darauf an einer Asphaltpiste endet. Dieser folgen wir in nördlicher Richtung, genießen einen weiten Blick über die begrünten Hänge des Nordens und das Meer. Nach 15 Minuten queren wir eine Straße, nach weiteren knapp 10 Minuten biegen wir links in eine Erdpiste ein. Beim Weiler **Caideros de San José** ignorieren wir einen links zu einer Häusergruppe führenden Weg, kurz darauf passieren wir mehrere Höhlen. Nach weiteren 100 m, an einer ausgeprägten Linkskurve, biegen wir in eine Piste zur Rechten ein, die wir schon nach 30 m auf einem steingepflasterten, rechts abzweigenden Weg wieder verlassen – links von

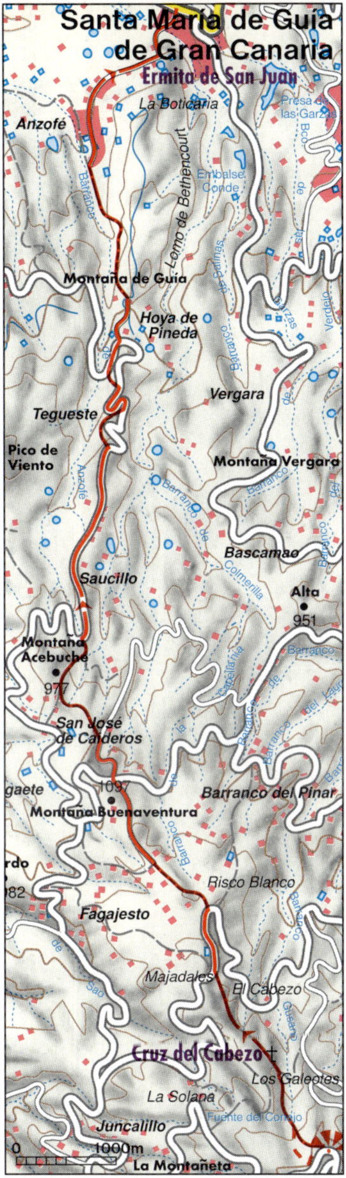

uns der Berg Acebuche, rechts die terrassierten Weiden von Troya, auf denen Schafe grasen. Der Weg wird breiter. Über eine Asphaltpiste erreichen wir nach 200 m die nach Hoya de Pineda führende Straße an einer Bushaltestelle. Wir folgen der Straße 2,6 km nach rechts und wählen dann an einer markanten Rechtskurve eine Abkürzung zur Linken; auf dem anfangs steingepflasterten Weg erreichen wir binnen 10 Minuten **Tegueste**.

Wir gehen 400 m auf der Straße hinab, biegen dann links in einen Weg ein, der eine weite Kehre abkürzt und abermals in die Straße einfließt. Wir queren die Straße und gehen rechts neben der Bushaltestelle auf Asphaltpiste bergab. Nach gut 300 m ist La Degollada erreicht, ein Vorort von **Hoya de Pineda** am Fuße des kegelförmigen Berges Guía. Wir ignorieren zwei rechts abzweigende Pisten und bleiben auf Nordkurs. Die Asphaltpiste geht nach wenigen Minuten in einen Weg über, der sich verengt und auf der rechten Seite des Barrancos abwärtsführt. Wolfsmilch- und Tabaibabüsche, Agaven und Feigenkakteen säumen den Weg. Nach 20 Minuten erweitert er sich zur Piste, 10 Minuten später erreichen wir die ersten Häuser des Dorfes **Anzofé** – die Piste ist nunmehr asphaltiert.

Wir ignorieren Abzweigungen nach links in Richtung Gáldar, halten uns hinter der Kapelle rechts und laufen nordostwärts auf **Guía** zu. Über eine Brücke nahe dem Sportplatz (mit angrenzender Jugendherberge) erreichen wir schließlich den Ortskern.

13 Von der Nordküste in den Barranco de la Virgen

Abenteuerlicher Weg durch eine dschungelartige Schlucht

San Andrés – Hotelruine Azuaje – Camino La Fuente – Camino de la Data – Barranco de la Virgen

Ausgangspunkt: Fußballplatz am westlichen Ortsausgang von San Andrés, 30 m (an der Straße Las Palmas – Gáldar, Haltestelle der Buslinien 101-103 und 127).

Endpunkt: Wegkreuzung Barranco de la Virgen, 610 m (6,5 km südlich Firgas, dort ca. alle 2 Std. Anschluß an Busse 201-203 nach Las Palmas).

Gehzeit: San Andrés – Hotelruine Azuaje 1¼ Std., Hotelruine Azuaje – Camino La Fuente (Haus Nr. 8) 1½ Std., Camino La Fuente (Haus Nr. 8) – Camino de la Data (Haus Nr. 2) 45 Min., Camino de la Data (Haus Nr. 2) – Talgrund Barranco de la Virgen 30 Min.; Gesamtzeit 4 Std. (9 km).

Höhenunterschied: 750 m im Aufstieg, 170 m im Abstieg.

Anforderungen: Anfangs leichte, im Aufstieg aus dem Barrancobett jedoch anstrengende und schwierige Wanderung. In regenreichen Wintern muß man auf einer 10 m langen Strecke durch knöchelhohes Wasser waten, stellenweise ist tunnelartig verdichtetes Bambusrohr in gebückter Haltung zu durchschreiten. Der Weg ist mehrfach ausgesetzt, Kletterpartien sind unumgänglich.

Einkehr: Bars und Restaurants in San Andrés.

Varianten: Die Anschlußwanderung nach Teror startet im Talgrund Barranco de la Virgen (Tour 14). Wer lieber in Südrichtung durch das Tal weiterwandert, erreicht nach 45 Min. das Bergdorf Valsendero und hat dort Anschluß an Tour 15.

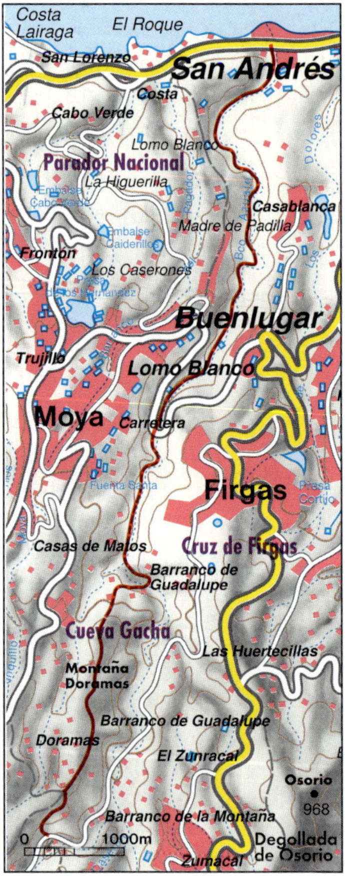

Wilde Orchideen.

Wer an der vegetationsarmen Nordküste entlangfährt, kann sich kaum vorstellen, daß nur wenige hundert Meter landeinwärts fruchtbare Barrancos ihren Ausgang nehmen. Einer davon ist der naturgeschützte Barranco Azuaje: eine rasch enger werdende, von hohen Steilwänden umschlossene Schlucht mit fast dschungelhafter Vegetation aus Bambusrohr und Lorbeerbaum, Weide und Farn. Im oberen Teil ist die Pflanzendecke so üppig, daß man sich zuweilen eine Machete herbeiwünscht, um den Weg freizuschlagen. Vogelgezwitscher begleitet uns, von Felsklippen starten Greifvögel zu wildem Sturzflug. Allgegenwärtig ist das Gurgeln von Wasser: In Kaskaden rauscht es herab, bildet kleine Bäche und sammelt sich in Felsmulden. Vor allem an heißen Tagen ist es herrlich, die müden Füße in einem Tümpel zu kühlen oder sich unter einem Wasserfall zu erfrischen!
Vom Fußballplatz in **San Andrés** führt eine Piste sanft in den Barrancogrund, vorbei an vereinzelten Bananenplantagen und Häusern. Bald beschreibt sie eine weite Kehre und endet an einer Höhle mit kleinem Wasserfall. Um ihn zu umgehen, halten wir uns rechts und steigen auf einem Pfad den Hang hinauf. Kurz darauf stößt der Weg auf eine Piste, der wir durch den zunehmend feuchter werdenden Barranco hinauffolgen. Nach knapp einer Stunde gehen wir unter einer hohen Brücke hindurch, über die die Straße von Moya nach Firgas verläuft. 5 Minuten später erreichen wir eine ummauerte Quelle – Kanarier kommen oft hierher, um das eisenhaltige Wasser in Flaschen abzufüllen.
Der Barranco wird nun enger, die Vegetation üppiger. Wir passieren eine romantisch unterhalb einer Steilwand gelegene **Hotelruine**. Noch in den

30er Jahren trafen sich in dem britischen Hotel Mitglieder der Upper Class, um sich an diesem paradiesischen Flecken über den Niedergang des Empire hinwegzutrösten. Hinter dem Hotel beginnt der schönste Streckenabschnitt dieser Wanderung. Die Piste geht in einen Weg über, der parallel zu einem kleinen Bach verläuft und ihn mehrmals quert. Rings um uns wachsen Lorbeer und Eukalyptus, dichtes Strauchwerk mit kräftig-grünem Farn und rot aufleuchtenden Glockenblumen. Schwarze Felswände sind mit Wasser benetzt, nur zur Mittagszeit gelingt es der Sonne, durch eine schmale Felsöffnung in den Talgrund vorzustoßen.
Nachdem wir etwa eine halbe Stunde ab Hotelruine zurückgelegt haben, endet der Weg an einem steilwandigen Wasserfall. Wir gehen ein kurzes Stück durch Bambusrohr zurück und biegen an einem verrosteten Wasserrohr links ein. Der hier abzweigende schmale Pfad führt uns einige Minuten am Hang entlang und kehrt nach Umgehung des Hindernisses zum Talgrund zurück. An der Barrancoverzweigung (45 Min. ab Hotelruine) halten wir uns links und müssen – wenn zuvor viel Regen gefallen ist – etwa 10 m durchs Wasser waten. Vor einem herrlichen Wasserfall klettern wir rechts über einen schmalen Felssteig aufwärts. Die nächste Wegstrecke führt uns durch einen Wald aus Bambusrohr, der mehrmals von Steinmauern und kleinen Picknicklichtungen unterbrochen wird. Eine Stunde ab Hotelruine weichen wir erneut auf die rechte Hangseite aus, ignorieren einen links abzweigenden Pfad und gehen geradeaus hangaufwärts. Bereits eine Minute später kommen wir zu einer 4 m hohen Steinmauer. Im Frühjahr 1996 wurde der links vorbeiführende Aufstieg durch Erdrutsch zerstört, bis zur Restaurierung des Pfades gilt es, ein kurzes Stück links am Mauerrand steil hinaufzuklettern. Danach gehen wir links über das Terrassenfeld auf schmalem Pfad zu einem verlassenen Haus. An dem angrenzenden Wasserspeicher gabelt sich der Weg. Wir wählen die rechte Abzweigung, die uns – an einem großen verlassenen Gehöft vorbei – in 10 Minuten hinaufführt zum Haus Nr. 8 an der Asphaltpiste **Camino La Fuente**.
Viele Wege führen zum Bergrücken Lomo Negro, unserem nächsten Etappenziel zur Linken. Problemlos ist die Annäherung von der Nordseite: Wir folgen der Piste bergab und gehen noch vor der ersten Kurve am Haus zur Linken aufwärts. Sanft und stetig steigen wir zum Bergrücken empor und von dort weiter auf Piste durch Eukalyptuswald. Die Piste führt an vereinzelten Häusern vorbei und trägt die Bezeichnung **Camino de la Data**. In 720 m Höhe, hinter dem Haus Nr. 2 (hier Anschluß an Tour 14), biegen wir links ab in eine Piste, die sich sogleich in einen Camino Real verlängert. In zahlreichen Kehren steigen wir auf herrlich gepflastertem Weg abwärts und erreichen nach gut 15 Minuten den grünen Talgrund im **Barranco de la Virgen**.

Durch ein grünes Verlies.

14 Von Fontanales nach Teror

Felder, Weiden und Gehöfte: Wanderung durch das ländliche Gran Canaria

Fontanales – Barranco de la Virgen – La Laguna – Teror

Ausgangspunkt: Restaurant Fontanales in Fontanales, 1000 m (Haltestelle der Buslinien 113 und 127).
Endpunkt: Teror, 591 m (Haltestelle der Buslinien 214, 216, 217 und 220).
Gehzeiten: Fontanales – Camino Corvo (Haus Nr. 113) 30 Min., Camino Corvo (Haus Nr. 113) – Camino de la Data (Haus Nr. 2) 45 Min., Camino de la Data (Haus Nr. 2) – Talgrund Barranco de la Virgen 15 Min., Talgrund Barranco de la Virgen – La Laguna 1½ Std., La Laguna – Teror 30 Min.; Gesamtzeit 3½ Std. (11,7 km)
Höhenunterschied: 300 m im Aufstieg, 710 m im Abstieg.
Anforderungen: Mittelschwere Wanderung auf befestigten Pfaden und Pisten.
Einkehr: Bars und Restaurants in Fontanales und Teror.
Unterkunft: Fincas in Fontanales und Valleseco, in Fontanales auch ein Hotel.
Variante: Rundwanderung durch den Barranco de la Virgen (10,9 km, 3½ Std.). Im Barrancogrund folgt man der Piste südwärts in Richtung Valsendero. Die Schotterpiste geht rasch über in eine asphaltierte, jedoch kaum befahrene Straße; sie steigt leicht an und führt vorbei an Fincas mit Obst- und Gemüseanpflanzungen. Gegenüber vom Haus Barranco 1 (vgl. Tour 15) verläßt man die Straße und folgt dem rechts abzweigenden Weg, der nach 75 m in einen steil aufwärts führenden Pfad übergeht. Er ist mit Steinen gepflastert, gabelt sich im weiteren Verlauf mit teilweise breiten Sandwegen, die man ignoriert. Unter einem Torbogen hindurch, zur Linken ein alleinstehendes Haus, setzt sich nach 20 m der Aufstieg über einen steingepflasterten Camino Real fort. In vielen Kurven windet sich dieser den Hang hinauf, wird gesäumt von Eukalyptus-, später auch Zitronenbäumen. Nach 30minütigem Aufstieg mündet der Pfad in eine Asphaltpiste, die vor einem Haus eine Linkskurve beschreibt und leicht abwärtsführt. Dieser folgt man etwa 15 Min., biegt am Haus mit der Aufschrift ›Camino El Tablero‹ links ab und folgt der schmalen Asphaltstraße bergauf. Nur wenige Minuten später stößt man auf die Straße Lomo El Marco (Haus Nr. 18) und folgt dieser nach links. Dieser Streckenabschnitt ist bereits vom Hinweg her bekannt: In südwestlicher, später nordwestlicher Richtung erreicht man auf der Calle Montañeta de Fontanales den Ausgangspunkt der Wanderung.

Alljährlich zum 8. September wird im Wallfahrtsort Teror ein großes Fest zu Ehren der Jungfrau Maria gefeiert. Sie ist die Schutzpatronin der Insel – noch vor der Conquista, heißt es, sei sie den Altkanariern erschienen, um sie von der Sinnlosigkeit

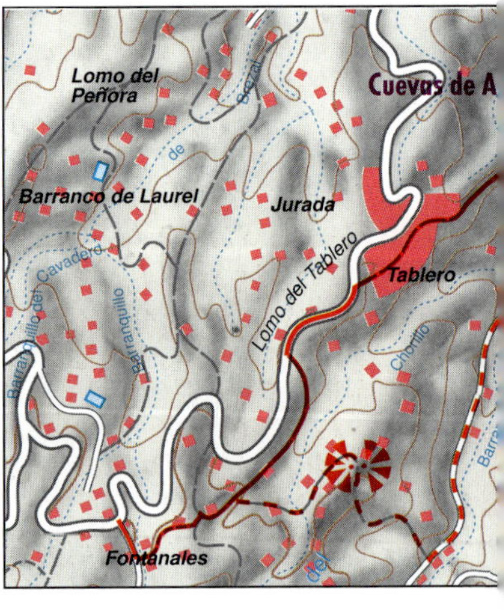

ihres Widerstandes gegen die Spanier zu überzeugen. Zum Bistum von Teror gehörte einst auch das wasserreiche ›Tal der Jungfrau‹ (Barranco de la Virgen), in das wir auf dieser Wanderung über einen besonders schönen und romantischen Weg hinabsteigen. An den steilen Hängen lassen sich Reste des ursprünglichen Lorbeerwalds entdecken, im Talgrund wachsen Papayas, Zitronen und Orangen.

Im Ortszentrum von **Fontanales**, 100 m östlich des Restaurants Fontanales, beschreibt die Straße eine deutliche Linkskurve. Hier gehen wir geradeaus weiter und folgen der schmalen, steil aufwärts führenden Straße (Calle La Montañeta de Fontanales). Nach 300 m, am großen Eukalyptusbaum, biegen wir links in einen steingepflasterten Weg ein, der den Westhang des Lomo del Marco hinaufführt. Er stößt auf eine Piste, der wir nach links folgen. Eine Minute später, am Haus Nr. 18, biegen wir rechts ein und kommen fünf Minuten später, am Haus mit der Aufschrift ›Camino El Tablero‹, zu einer wichtigen Gabelung: Wir ignorieren die rechte Abzweigung und gehen in Nordostrichtung geradeaus weiter. Während der nächsten 15 Minuten verläuft unser Weg parallel zur Straße Fontanales – Moya, mündet in diese bei Km 16.9, um sie wenig später, am Haus Nr. 113, abermals rechts zu verlassen (Camino Corvo). Unser Weg ist nur kurzzeitig asphaltiert und geht dann in eine Erdpiste über. An der Gabelung beim Haus El Mirlo (Haus Nr. 30) halten wir uns rechts und folgen der Piste eine halbe Stunde längs eines Bergrückens, bevor wir an einer betonierten Pistenkreuzung vor dem Haus Camino de la Data Nr. 2 rechts abbiegen. Wir gehen an einem weiteren Haus (Nr. 37) links vorbei, hier verwandelt sich die Piste in einen gepflasterten

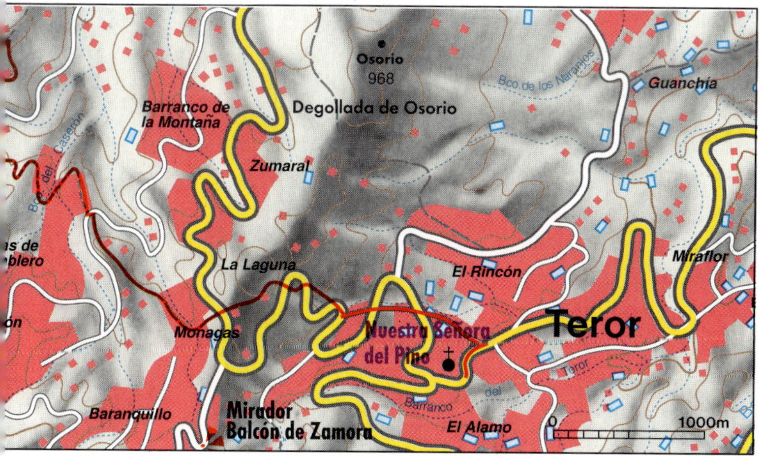

Weg, der sich in malerischen Kehren zum Talgrund hinabwindet. Einst galt dieser Weg als Paradebeispiel traditioneller Bautechnik: steile Abschnitte sind durch feingemeißelte Stufen geebnet, abschüssige Stellen durch Seitenmauern geschützt. In den Wintermonaten sind die Hänge üppig bewachsen; Eukalyptus und Farnsträucher säumen den steingepflasterten Pfad, hellrot leuchten kanarische Glockenblumen. Wir schauen hinab in den Barranco de la Virgen (Tal der Jungfrau) und sehen den Gutshof Casa de la Marquesa, einst eine reiche Getreide-Hacienda, heute im Besitz der mächtigen Wassergenossenschaft.
Im Talgrund des **Barranco de la Virgen** stoßen wir auf eine Piste, der wir 60 m nach links folgen. Rechts gleitet ein steingepflaster Camino Real ins Flußbett hinab, der dann sogleich rechts einbiegt und nach knapp 100 m links zwischen Mauern hinaufführt. Wir gehen an einem Zaun entlang und passieren die Häusergruppe Casas del Tablero, dabei steigt der Weg stetig bergan. Kurzzeitig verwandelt er sich in eine Piste, um schließlich in eine schmale Asphaltstraße einzumünden. Dieser folgen wir erst in südlicher,

Wanderer auf dem Pilgerpfad.

Altes Gehöft mit Drachenbaum.

dann in östlicher Richtung und überqueren die nach Valleseco führende Straße. Anschließend wechseln sich Pisten- mit kurzen Straßen- und Wegstrecken ab; wir durchschreiten den Barranco del Caserón und steuern in nordöstlicher Richtung auf das Staubecken **La Laguna** zu.
Von La Laguna folgen wir der Asphaltpiste 200 m in südlicher Richtung, wechseln auf die gegenüberliegende Seite der nach Teror führenden Straße (GC-814) und wählen einen Weg, der steil den Hang hinabführt. Dabei kreuzt er mehrmals die kurvenreiche Straße und fließt nahe der Getränkefabrik Nik im Viertel Los Llanos in sie ein. Diese führt vorbei am Nonnenkloster Císter direkt ins Ortszentrum von **Teror**.

15 Von Fontanales nach Valleseco

Von Bergdorf zu Bergdorf: eine romantische Barrancotour

Fontanales – Valsendero – Valleseco

Ausgangspunkt: Restaurant Fontanales in Fontanales, 1000 m (Haltestelle der Buslinien 113 und 127).
Endpunkt: Valleseco, 978 m (Haltestelle der Buslinien 217 und 220).
Gehzeiten: Fontanales – Valsendero 1½ Std., Valsendero – Valleseco 1 Std.; Gesamtzeit 2½ Std. (8,4 km).
Höhenunterschied: 180 m im Aufstieg, 200 m im Abstieg.
Anforderungen: Leichte Wanderung auf Wegen und Pisten; streckenweise starkes Gefälle.
Einkehr: Bars und Restaurants in Fontanales, Valsendero und Valleseco.
Unterkunft: Fincas in Fontanales und Valleseco, in Fontanales auch ein Hotel.
Variante: Wer von Valleseco nach Teror weitergehen will, verläßt die Stadt südwärts Richtung Lanzarote über die Straßen León y Castillo und Los Matos. Nach 10 Min. ist der Lomo de la Rosa erreicht, wo man kurz vor der Bar El Lomo scharf links in eine Piste einbiegt, die man sogleich wieder auf einem halbrechts hinabführenden Weg verläßt (Fortsetzung Tour 16, 1¾ Std. ab Valleseco).

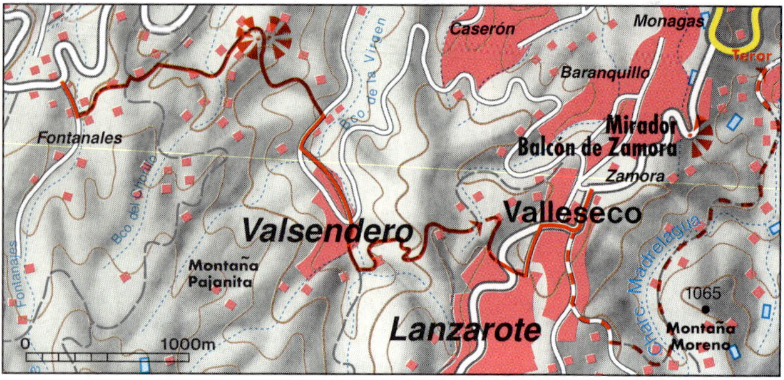

Kastanien- und Lorbeerbäume begleiten uns zu Beginn dieser Wanderung. Dickblättrige Rosetten sprießen aus zerbrochenen Ziegeldächern, Nebelschwaden tauchen die Landschaft in Melancholie. Der Abstieg ins Tal endet in Valsendero, einem noch etwas verschlafen wirkenden Dorf, das bis vor wenigen Jahren ausschließlich durch Caminos Reales mit der Außenwelt verbunden war. Valleseco dagegen war schon früh ein wichtiger Marktflecken, Bauern handelten hier vor allem mit Obst und frischem Käse.

In den ersten 20 Minuten ist unser Weg identisch mit Tour 14. Am Haus mit der Aufschrift ›Camino El Tablero‹ führt der Teror-Weg geradeaus weiter, wir aber wählen die Piste zur Rechten, die nach gut 5 Minuten den Talgrund quert, dann etwa 10 Minuten leicht in Nordostrichtung ansteigt. Wir erreichen

Das ›Tal der Jungfrau‹ im Frühjahr.

den Bergrücken Lomo del Tablero, wo sich die Piste vor einem Haus gabelt. Wir halten uns kurzzeitig rechts, verlassen die Piste auf einem steingepflasterten Weg, der unmittelbar hinter der scharfen Rechtskurve links hinabführt. Nach 100 m ignorieren wir einen links zu einem Haus hinabführenden Pfad. 10 Minuten später gehen wir unter einem Wasserrohr hindurch, der Abstieg wird steiler. Wir passieren ein verlassenes Haus und treffen nach weiteren 15 Minuten auf eine Piste, die am Haus Barranco 1 in eine Asphaltstraße mündet. Dieser folgen wir rechts in den Ortskern von **Valsendero**.
Am südlichen Ortsausgang gehen wir die Asphaltpiste hinauf und biegen nach 200 m links in die Calle El Llanete ein, die kurz darauf den Talgrund quert. Rechts vorbei an einer Finca führt die nunmehr betonierte Piste (Camino La Cuesta) bergan, passiert nach 10 Minuten einige Häuser und geht dann in eine Erdpiste über. An der Gabelung knapp 10 Minuten später halten wir uns rechts und biegen nach 50 m scharf links in einen steingepflasterten, ansteigenden Weg ein. Wir passieren ein alleinstehendes Haus, stoßen erneut auf die Piste und folgen dieser nach links. Nach 5 Minuten eine weitere Pistengabelung mit Blick nach Las Palmas – wir gehen gut 100 m nach rechts und stoßen auf eine Asphaltpiste, der wir links hinab folgen. Nach 150 m passieren wir eine Hundefarm zur Linken und folgen direkt dahinter einem steingepflasterten Weg rechts den Hang hinauf. 3 Minuten später biegen wir rechts in eine rötliche Erdpiste ein, die sich kurz darauf verengt. Nach weiteren 5 Minuten kreuzen wir die von Lanzarote nach Valleseco führende Straße und gehen auf einem Dorfpfad 200 m ostwärts. Wir stoßen nun auf eine weitere Straße, der wir 250 m nach links folgen. An der Calle Perojo biegen wir rechts ein, nach 125 m gelangen wir zur Hauptstraße León y Castillo, der wir links zum Kirchplatz von **Valleseco** folgen.

16 Von Cruz de Tejeda nach Teror

Historischer Pilgerpfad zur Stadt der Holzbalkone

Cruz de Tejeda – Cueva Corcho – Valleseco (El Lomo de la Rosa) – Teror

Ausgangspunkt: Parador Cruz de Tejeda, 1509 m (Schnittpunkt wichtiger Inselstraßen, Haltestelle der Buslinien 18 und 305).
Endpunkt: Teror, 591 m (Haltestelle der Buslinien 214, 216, 217 und 220).
Gehzeiten: Cruz de Tejeda – Cueva Corcho 50 Min., Cueva Corcho – Valleseco (El Lomo de la Rosa) 1 Std. 10 Min., Valleseco (El Lomo de la Rosa) – Teror 1½ Std.; Gesamtzeit 3½ Std. (12,2 km).
Höhenunterschied: 120 m im Aufstieg, 1040 m im Abstieg.
Anforderungen: Trotz der großen Höhendifferenz leichte Wanderung auf guten Wegen, teilweise auch auf Piste und Asphalt.
Einkehr und Unterkunft: Bars und Restaurants in Cruz de Tejeda, Lanzarote und Teror; Komforthotel in Cruz de Tejeda, Finca in Valleseco.
Variante: Anschlußwanderung über den Barranco de la Virgen nach Fontanales (Tour 14) bzw. San Andrés (Tour 13).

Einst war dies der Weg frommer Bauern, die aus abgelegenen Bergdörfern zum Bildnis der wundertätigen Madonna in Teror pilgerten. Der restaurierte Königspfad führt durch aufgeforsteten Kiefernwald und vorbei an einem erloschenen Vulkankrater, auf dessen bemoosten Hängen Schafe weiden. Um dem gebirgigen Terrain Anbauflächen abzutrotzen, schufen Bauern selbst an steilen Hängen stufenförmige Terrassen; auf kleinen Parzellen

Ein kanarischer Patio (Innenhof).

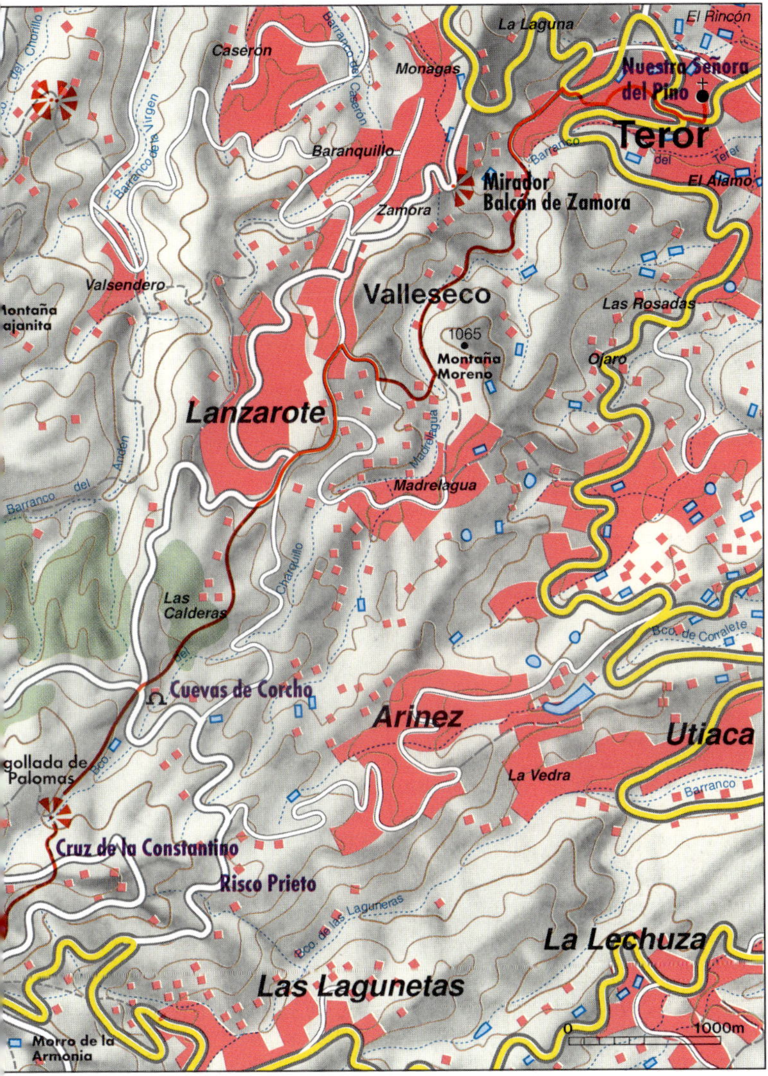

La Laguna
El Rincón
Caserón
Barranco del Caserón
Monagas
Nuestra Señora del Pino
Teror
Barranco del Teror
El Álamo
Barranco de la Virgen
Baranquillo
Mirador Balcón de Zamora
Zamora
Valsendero
Valleseco
Las Rosadas
Montaña Lajanita
1065
Montaña Moreno
Ojaro
Lanzarote
Madrelagua
Barranco del Andén
Charquillo
Las Calderas
Bco. de Corralete
Cuevas de Corcho
Arinez
Utiaca
Degollada de Palomas
La Vedra
Barranco
Cruz de la Constantino
Risco Prieto
Bco. de las Laguneras
La Lechuza
Las Lagunetas
Morro de la Armonia
0
1000m

wachsen Kartoffeln, Mais und Orangen. Die letzten Wegkilometer enttäuschen, sie führen durch zersiedeltes Gelände. Dann aber wird Teror erreicht, eine der schönsten Städte der Insel: ein historischer Wallfahrtsort mit feudalen Adelspalästen und schattigen Plätzen rings um die Kirche.
Die Wanderung beginnt am staatlichen Parador von **Cruz de Tejeda**. Wir folgen der nach Pinos de Gáldar führenden Straße in nördliche Richtung und kommen nach 200 m zu einem kreisförmigen Parkplatz. Rechts vorbei am Elektrizitätsturm mit der Aufschrift ›Unelco‹ führt ein anfangs steingepflasterter Weg über den Südosthang des Constantino aufwärts, der einzige Anstieg der gesamten Wanderung. Wir wandern auf das runde Gebäude der lokalen Fernsehstation zu und durchlaufen zeitweilig ockerfarbenen, ausgewaschenen Felsgrund. Nach knapp 20 Minuten erreichen wir an einem Elektrizitätsmast die Straße Cruz de Tejeda – Pinos de Gáldar (Km 2.9). Auf der gegenüberliegenden Seite setzt sich ein steingepflasterter, in nördlicher Richtung absteigender Weg fort. Nach 5 Minuten passieren wir El Peñón, mit rosettenförmigen Pflanzen bedeckte Felsblöcke zur Rechten. Von hier eröffnet sich ein weiter Blick über die Nordhälfte der Insel. Wenig später kreuzt unser Weg den Talgrund und führt kurzzeitig steil bergab, vorbei an Steineichen und Pinien. Wir passieren Wasserbecken, Felder und Gehege und gelangen schließlich zur Straßenkreuzung **Cueva Corcho**.
Von der nach Valleseco führenden Straße biegen wir sogleich rechts in einen steingepflasterten Weg ein, auf dem wir nach 10minütigem Aufstieg den Bergkamm erreichen. Hier genießen wir Ausblicke auf eine idyllische Szenerie: Im kreisrunden Vulkankrater Las Calderetas liegt – zwischen Ulmen und Kastanienbäumen – ein Gehöft mit Ställen und Speichern. Unser Weg führt rechts am Hof vorbei, passiert eine Viehtränke und erreicht auf der nordwärts weisenden Erdpiste nach 600 m die Straße GC-110 am Südrand von **Lanzarote**. Wir folgen der Straße nach rechts abwärts und kommen rechts an einem überdachten Waschplatz vorbei, an dem noch heute Frauen bei der Arbeit beobachtet werden können. Links führt eine breite Straße zum Ortskern hinab, wir jedoch verbleiben rechts auf der asphaltierten Straße. An der Gabelung nach 400 m gehen wir geradeaus weiter Richtung Valleseco. Erst am Bergrücken **Lomo de la Rosa** verlassen wir die Straße nach Valleseco und biegen hinter der Bar El Lomo rechts in eine Piste ein, die wir sogleich auf einem halbrechts hinabführenden Weg wieder verlassen. Vor uns sehen wir Las Palmas mit der vorgelagerten Halbinsel La Isleta, rechts unter uns liegt der grüne Barranco Madrelagua. Wir steigen zum Talgrund hinab, überqueren eine kleine Brücke und stoßen nach kurzem Aufstieg auf eine Piste, der wir 10 Minuten lang über den Westhang des Berges Moreno folgen. Danach geht es auf einem bequemen Weg wieder ins Tal hinab. Wir wechseln auf die linke Seite des Talgrunds und passieren Las Rosadas, wo noch einige traditionelle Getreidemühlen in Betrieb sind. Kurz darauf betreten wir wieder Asphalt und erreichen nach 30 Minuten die Stadt **Teror**.

Nach regenreichen Wintern sprießen Farn, Klee und Bambus.

17 Zum Vulkankrater Bandama

Abstieg über Lavaasche in den schönsten Inselkrater

Bandama – Caldera de Bandama – Bandama

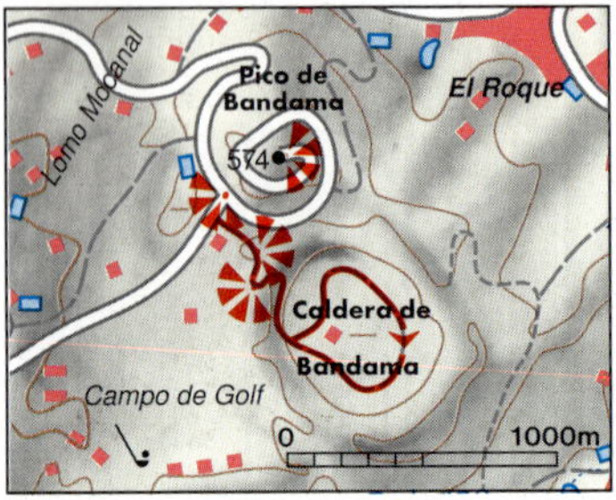

Ausgangspunkt: Der Weiler Bandama, 450 m (Haltestelle der Buslinie 311-312).

Gehzeit: Bandama – Kratergrund 30 Min., Rundumwanderung 45 Min., Kratergrund – Bandama 45 Min.; Gesamtzeit 2 Std. (3,7 km)

Höhenunterschied: Insgesamt 550 m.

Anforderungen: Befestigter Weg auf Vulkanasche, aufgrund des Höhenunterschieds anstrengend.

Einkehr: Bars auf dem Vulkankegel und im Golfhotel Bandama, Weinstuben (Bodegas) auf dem Weg nach El Monte.

Der Krater von Bandama liefert das interessanteste Beispiel für die jüngste, vor ca. 3000 Jahren beendete Vulkantätigkeit auf Gran Canaria. Schwarze Lavahänge kontrastieren mit grünem Pflanzenteppich, in verwitterte Steilhänge sind Höhlen eingekerbt. Touristen fahren meist nur zum kegelförmigen Gipfel hinauf und werfen einen raschen Blick auf den unter ihnen liegenden Krater. Doch viel mehr lohnt es sich, selber in die Caldera hinabzusteigen und einige Stunden im 240 m tiefen Talgrund zu verbringen: eine abgeschiedene naturgeschützte Oase mit Palmen- und Ölbaumhainen. Das große Gehöft ist heute nicht mehr bewohnt; in einem kleinen Nebenhaus lebt noch Señor Augustín, ein Eremit, in paradiesischer Abgeschiedenheit.

Vor der Bushaltestelle **Bandama** an der aus Atalaya kommenden Straße biegen wir rechts in eine Piste ein, die uns durch ein schmiedeeisernes Tor zu einer Aussichtsterrasse führt. Links an ihr vorbei läuft ein attraktiver, von schwarzen Steinmauern flankierter Weg abwärts, der rasch in Lavaschotter übergeht. An einer Gabelung wenige Minuten später halten wir uns rechts und steuern auf einen runden Aussichtsbalkon zu, von dem wir erstmalig den gesamten Krater überblicken können. In vielen Kehren schlängelt sich nun der von weißem Ginster und blauem Lavendel eingerahmte Weg hinab. Wir kommen an einer mit Höhlen durchlöcherten Felswand vorbei und entdekken seltene Pflanzen, Malven- und Windgewächse. Heiß ist es im Grund der **Caldera de Bandama**, Ölbäume und Palmen spenden kurzzeitig Schatten. An der Gabelung halten wir uns links und steuern auf das verlassene, vor uns liegende Gehöft zu. Kurz davor biegen wir abermals links ein, folgen einem Pfad, der uns an bestellten Feldern vorbei zu einem zweiten Haus führt. Es trägt die Nummer 42 (!) und wird von Señor Agustín bewohnt, der hier schon

Tiefblick in den Grund der Caldera de Bandama.

seit vielen Jahren gemeinsam mit Katzen, Hunden und Ziegen ein zufriedenes Leben führt. Unser Weg führt rechts an seinem Haus vorbei und geleitet uns im Uhrzeigersinn um den Kratergrund herum. Auf schüttere Lavahänge folgen zerklüftete Steilwände, an den zerbröckelnden Steinmauern aufgelassener Terrassenfelder sprießt wilde Vegetation. Wir ignorieren die Pfade, die rechts zum Gehöft zurückführen und folgen dem Weg um den Calderagrund herum. An der bewaldeten Südflanke führt er über Stufen zu einem Wasserspeicher aufwärts, kehrt dann an Höhlen vorbei zum Talgrund zurück und geleitet uns zu der vom Hinweg bekannten Gabelung.

18 Durch den Barranco de la Mina

Attraktive Rundwanderung durch die wasserreichste Schlucht der Insel

Cruz de Tejeda – Las Lagunetas/Einstieg Barranco de la Mina – Museo Mirador – Cruz de Tejeda

Ausgangspunkt: Cruz de Tejeda, 1509 m (Schnittpunkt wichtiger Inselstraßen, Haltestelle der Buslinien 18 und 305).
Gehzeiten: Cruz de Tejeda – Einstieg Barranco de la Mina 45 Min., Einstieg Barranco de la Mina – Museo Mirador 1¼ Std., Museo Mirador – Cruz de Tejeda 45 Min., Gesamtzeit 2¾ Std. (7,8 km).
Höhenunterschied: Insgesamt 850 m.
Anforderungen: Bequemer Abstieg auf gut ausgebauten Wegen bis Las Lagunetas; schwieriger gestaltet sich der Aufstieg durch die Mina-Schlucht mit streckenweise ausgesetzten Passagen. Empfehlenswert ist die Mitnahme eines Wanderstocks, um sich auf dem schlüpfrigen Gelände abzustützen. Nach Regenfällen ist von der Wanderung durch die Schlucht abzuraten.
Einkehr: Bars und Restaurants in Cruz de Tejeda und Las Lagunetas.
Unterkunft: Komforthotel in Cruz de Tejeda.
Variante: Wer die leichte Anfangsetappe auslassen möchte, fährt mit einem Bus der Linie 305 nach Las Lagunetas; eine Bushaltestelle befindet sich direkt am Einstieg zur Mina-Schlucht (Km 29.9). – Ab Museo Mirador Kombinationsmöglichkeit mit Tour 19 (nach La Goleta) und Tour 21 (zur Degollada del Aserrador).

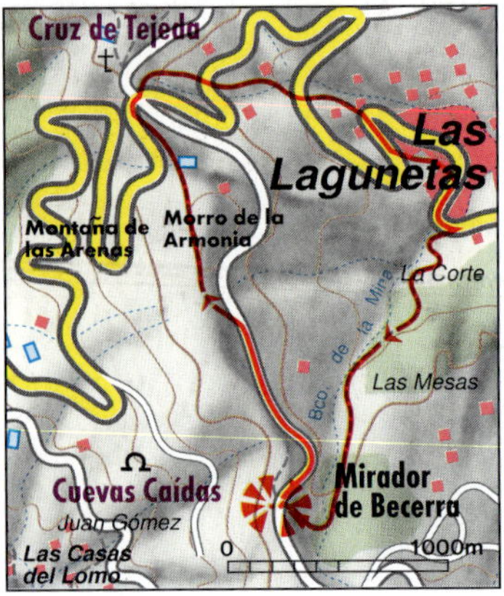

Der Aufstieg durch den Barranco de la Mina ist vor allem in Zeiten der Trockenheit ein Genuß: Im Dickicht der immergrünen Schlucht rauscht fortwährend Quellwasser, an mehreren Stellen stürzen Kaskaden metertief in den Talgrund. Im Oberlauf flacht der Barranco ab. Über einen höhehaltenden Panoramaweg kehren wir zum Ausgangspunkt der Wanderung zurück.
An der Straßenkreuzung von **Cruz de Tejeda** führt ein steingepflasterter Weg – rechts an den Souvenirständen vorbei – über Stufen nordostwärts hinab. Anfangs ist er von Kastanien-, später auch von einzelnen Nußbäumen gesäumt. Nach 400 m kreuzt er erstmals die GC-811 Tejeda – San Mateo; er setzt sich auf der gegenüberliegenden Seite 650 m fort, bevor er die Straße ein zweites Mal kreuzt. In vielen Kehren schlängelt er sich abwärts, passiert mehrere Häuser und stößt oberhalb der Bar Perera erneut auf die Straße. Wir gehen diese nun eine Minute bergauf, bevor wir zur Linken einen Weg wählen, der parallel zur Straße verläuft und nach 300 m abermals in diese einmündet. Östlich vor uns liegt die Ortschaft **Las Lagunetas**, die über Pfade

und Pisten in 15 Minuten erreichbar ist. Wir aber bleiben auf der Straße und folgen dieser 700 m nach rechts.
Bei Km 29.9 erreichen wir den Barrancogrund. Hier biegen wir rechts in eine Piste ein, die an zwei Villen vorbeiführt und sich kurz darauf zu einem aufwärtsführenden Weg verengt. Während der nächsten halben Stunde ist das Murmeln der Bäche allgegenwärtig, es gibt viele Stellen, die sich für ein Picknick anbieten. An einer Gabelung nach 5 Minuten wählen wir den Trampelpfad ins Bachbett hinab, kreuzen dieses und folgen dem aufwärtsführenden Weg auf der gegenüberliegenden Seite. Oberhalb eines kleinen Wasserfalls wird der Aufstieg vorübergehend steil, doch bereits nach 5 Minuten können wir aufatmen: Die Steigung nimmt ab, der Weg verläuft wieder parallel zum Barrancobett und geleitet uns zu einer Ebene mit Hausruine und Höhlen. Nach weiteren 10 Minuten passieren wir einen Weiler zur Rechten des Tals. Wer nicht über die Dorfpiste zur Straße hinauflaufen möchte, folgt weiter dem Barrancobett. Ohne markierten Weg, doch problemlos erreichen wir nach 15 Minuten eine Ebene mit terrassierten Feldern – vor uns ein verlassen wirkendes Haus mit drei markanten Höhleneingängen. Wir kreuzen den Barrancogrund nach rechts und laufen auf einer breiten Piste 300 m zum Aussichtsbalkon an der Straße Cruz de Tejeda – Los Pechos hinauf. Vom **Museo Mirador** genießen wir einen phantastischen Blick auf die Caldera de Tejeda, unter uns liegt die Ortschaft La Culata.

Im Barranco de la Mina.

Die letzte Etappe der Wanderung führt vom Museo Mirador in nördliche Richtung. Nach 100 m verlassen wir die Straße, biegen links in einen gepflegten, steingepflasterten Weg ein, der parallel zur Straße verläuft, bevor er an einem Chalet wieder in diese einmündet. Wir folgen der Straße 400 m, bevor wir sie erneut links aufwärts verlassen. Wenig später gehen wir rechts an einem mit Stacheldraht umzäunten Haus vorbei, anschließend verläuft der Weg entlang einer Mauer am Südhang des Berges Morro de la Armonía. Während der gesamten Strecke bis Cruz de Tejeda bietet sich uns ein prachtvoller Panoramablick in Richtung Westen. Links am Hotel El Refugio vorbei gelangen wir wieder zur Kreuzung am **Cruz de Tejeda**.

Der Süden

Ein ›versteinertes Gewitter‹, smaragdfarbene Stauseen, Kiefernwald und einsame Canyons

Ortskern von Tejeda.

Südlich der Wetterscheide erstreckt sich die Cumbre, das zentrale Gebirgsmassiv von Gran Canaria. Sein Wahrzeichen ist der Roque Nublo (›Wolkenfels‹), ein markanter Monolith, der von den Altkanariern als Heiligtum verehrt wurde. Bis knapp 2000 m ragen die höchsten Gipfel auf, die durch wilde, steilwandige Barrancos voneinander getrennt sind. Im Talgrund schimmern smaragdfarbene Stauseen, Hänge und Ebenen sind mit jungen Kiefern bepflanzt. Die Bergdörfer, vor kurzem noch abgeschnitten von der Außenwelt, haben sich ihren traditionellen Charakter weitgehend bewahrt. Die weißgetünchten Häuser von Tejeda und Ayacata schmiegen sich an steile Felsen, ältere Bewohner widmen sich der Landwirtschaft und Viehzucht.

Je tiefer man vom zentralen Gebirgsmassiv zur Südküste hinabsteigt, desto stärker fühlt man sich an die Nähe des afrikanischen Kontinents erinnert: Ocker- und Brauntöne bestimmen das Landschaftsbild, auf ausgedörrten Berghängen behaupten sich nurmehr die kakteenartigen Wolfsmilchgewächse. Wie bei einer Fata Morgana tauchen auf dem Grund trockener Täler unerwartet Palmenoasen auf – nur wo ausreichend Grundwasser vorhanden ist, entstanden menschliche Siedlungen. Malerische Dörfer wie Fataga und Soria, Santa Lucía und San Bartolomé bekunden Zivilisation inmitten schroffabweisender Gebirgswelt. An der Küste dann die flirrenden Dünenfelder der ›kanarischen Sahara‹; sie sind umgeben von touristischen, sich stetig ausdehnenden Großprojekten.

AUSGANGSPUNKTE FÜR WANDERUNGEN

Tejeda-Höhenstraße

Die von Cruz de Tejeda südwärts nach San Bartolomé führende Straße schlängelt sich durch eine wild-bizarre Gebirgswelt. Sie bietet Ausblicke auf Felsmonolithen und zerborstene Schluchten. Entlang der Strecke liegen die Orte Tejeda und Ayacata sowie die Paßhöhe Cruz Grande. Zusätzliche Wandereinstiege bieten sich vor allem zwischen Tejeda und Ayacata. Hier starten Wege nach La Culata (Km 44.7), nach El Carrizal (Km 48), zum Stausee Cueva de las Niñas, nach Soria und Mogán (Km 53.2).

Tejeda, 1049 m

Das Bergdorf Tejeda (Bus 18 und 305) liegt am Rand der gleichnamigen Caldera, die von den Felsmonolithen Roque Nublo und Roque Bentaiga gekrönt wird. Dank mehrerer Unterkünfte ist es ein vortrefflicher Standort zur Erkundung des zentralen Berglands. Von der Paßhöhe Cruz de Tejeda starten Königspfade in alle Himmelsrichtungen. Südostwärts führt ein großartiger Panoramaweg rund um die Caldera; im Talgrund versteckt sich der Weiler La Culata, an dem sich weitere Königswege kreuzen. Einer von ihnen bringt den Wanderer nach Tejeda zurück, andere führen zum Kultberg Roque Nublo oder an ihm vorbei nach Ayacata bzw. zur Degollada del Aserrador.

Ayacata, 1290 m

Von Ayacata (Bus 18), einem malerischen Weiler am Fuß wildzerklüfteter Berge, kommt man in 1 Std. nach La Goleta, hat hier Anschluß an alle Wanderungen zum Roque Nublo und in den Erosionskrater von Tejeda. Beliebt ist auch der Aufstieg zum Pico de las Nieves und die Wanderung südwärts nach Cruz Grande und San Bartolomé.

Cruz Grande, 1228 m

Die markante Paßhöhe an der Straße Ayacata – San Bartolomé (Km 63.5, Bus 18) ist Schnittpunkt wichtiger Caminos Reales: Hier endet ein vom Inselzentrum kommender Königspfad, man kann weiterlaufen nach San Bartolomé, Ayagaures und Maspalomas sowie zu den Stauseen des Südwestens. Nächster größerer Ort ist San Bartolomé de Tirajana (887 m) mit Pensionen und Restaurants.

Mogán, 250 m

Das Bergdorf Mogán (Bus 38 und 84) liegt im Südwesten der Insel am Fuße des zentralen Bergmassivs. Es gibt hier einige Privatzimmer und Appartements, bedeutend größer ist die Auswahl im Küstenort Puerto de Mogán (8 km entfernt, Bus 01, 32, 38 und 84). Ein Schnittpunkt wichtiger Wanderwege ist die Pistenkreuzung Cruz de San Antonio (970 m), 13 km nordöstlich Mogán auf halber Strecke nach Ayacata. Von hier startet man Ausflüge ins Naturschutzgebiet Inagua-Pajonales, kommt am Inagua vorbei nach La Aldea de San Nicolás, über Cruz de la Huesita ins Inselzentrum. Auf einem herrlichen Camino Real gelangt man über den Montaña Tauro nach Mogán – oder man geht am Stausee Cueva de las Niñas entlang zur Casa de la Data, von wo aus man auf Königspfaden über die Stauseen von Soria und Chira bis zur Südküste wandern kann.

La Aldea de San Nicolás, 64 m

Das Dorf mit den größten Tomatenplantagen der Insel (mit Hotel und Pensionen, Bus 38 und 101) liegt in einem weiten Tal, das von einem Halbkreis zackig aufragender Bergriesen umschlossen wird. Es ist über eine grandiose Berg- und Küstenstraße mit Mogán und Agaete verbunden, auf asphaltierter Piste kommt man nach Artenara ins Zentrum der Insel. Von der Degollada de la Aldea, einer Paßhöhe 8 km südlich des Ortes, starten Wanderwege ins Naturschutzgebiet Inagua. Eine Piste führt nach Tasartico hinab – von hier läuft man auf schmalem Pfad zum einsamen Strand von Güi Güí.

19 Von Cruz de Tejeda nach La Goleta

Entlang der steilwandigen Caldera de Tejeda: eine Tour für Genußwanderer

Cruz de Tejeda – Museo Mirador – Corral de Los Juncos – Llanos del Garañon – La Goleta

Ausgangspunkt: Cruz de Tejeda, 1509 m (Schnittpunkt wichtiger Inselstraßen, Haltestelle der Buslinien 18 und 305).
Endpunkt: La Goleta, 1578 m (keine Busverbindung, doch gute Parkmöglichkeit).
Gehzeiten: Cruz de Tejeda – Museo Mirador 45 Min., Museo Mirador – Corral de Los Juncos 25 Min., Corral de los Juncos – Llanos del Garañon 20 Min., Llanos del Garañon – La Goleta 30 Min.; Gesamtzeit 2 Std. (6,9 km).
Höhenunterschied: 280 m im Aufstieg, 210 m im Abstieg.
Anforderungen: Leichte Wanderung auf gepflegtem Königspfad.
Einkehr und Unterkunft: Bars, Restaurants und Komforthotel am Cruz de Tejeda; Zelten möglich auf dem Plateau Corral de los Juncos.
Varianten: 1. Kombinationsmöglichkeit mit Tour 21 (ab Museo Mirador) und Tour 24 (ab Llanos del Garañon).
2. Wer von Cruz de Tejeda ohne Umweg über den Pico de las Nieves nach San Mateo wandern will, verläßt die hier vorgestellte Route an der Gabelung Corral de los Juncos und geht halblinks hinauf zu einem Denkmal der Jagdgenossenschaft. Der Weg mündet dort in eine Piste, der man aufwärts durch den Weiler Llanos de la Pez (Ebene des Pechs) folgt. Sie verläuft 500 m entlang einer Steinmauer und endet an der Straße Cueva Grande – Ayacata, in die man links zur Kreuzung Cruce Llanos de la Pez einbiegt. An der Kreuzung folgt man der nach Telde führenden Straße 2,7 km und hat an der am Hügel Siete Fuentes links abzweigenden Piste Anschluß an Tour 25 (Corral de los Juncos – Siete Fuentes: 3,6 km, 1 Std.).
3. Herrliche Anschlußwanderungen führen rund um den Roque Nublo (Tour 20) und nach La Culata (Tour 23). Um nach Ayacata weiterzuwandern (2 km, 45 Min.), folgt man dem linken der drei vom Steinplateau La Goleta abzweigenden Wege. Er führt in südwestlicher Richtung abwärts und mündet wenig später ein erstes Mal in die Straße nach Ayacata. Nach 200 m zeigen Steinmauern zur Linken an, wo sich der Weg fortsetzt. Zwischen zwei Häusern steigt man über Zementstufen abermals zur Straße hinab und folgt dieser 80 m nach links. Hinter der Finca La Huerta Grande biegt man rechts in einen Weg ein, der durch ein Talbett abwärts leitet, dann in eine Piste übergeht und in einer Kurve ein weiteres Mal die Straße berührt. Hinter der angrenzenden Steinmauer hält man sich rechts, passiert einige Häuser, bevor der Weg im Ortszentrum von Ayacata nahe der Dorfkirche endet.

Auf diesem herrlichen Panoramaweg sind keine allzu großen Höhenunterschiede zu bewältigen; dem Wanderer bleibt deshalb viel Zeit, die imposante Gebirgsszenerie zu genießen: Rechts von uns eine tief eingeschnittene Schlucht, vor uns kiefernbestandene Hänge, die sich zum höchsten Gipfel der Insel emporschwingen.
Der Wanderweg beginnt rechts neben dem Restaurant El Refugio gegenüber dem Steinkreuz von **Cruz de Tejeda**. Er führt am Garten des Hotels vorbei durch einen Kastanienhain aufwärts. Bereits nach wenigen Minuten wird der Fortgang der Wanderung sichtbar. Der Weg verläuft entlang einer

Mauer am Südhang des Berges Morro de la Armonía und führt zu einem alleinstehenden Haus mit angrenzendem kleinen Kiefernwald. Je höher wir steigen, desto überwältigender ist der Ausblick auf die Bergwelt des Zentrums: unter uns saftige Weiden und die Straße nach Tejeda. Der Weg führt links am Haus vorbei und leitet zu der von Cruz de Tejeda zum Pico de las Nieves führenden Straße hinab, die wir bei Km 1.7 erreichen. Nach 400 m, am Chalet bei Km 2.1, setzt sich der mit Steinen gepflasterte Camino Real rechts der Straße fort. Bei Km 2.5 treffen wir abermals auf die Straße, auf der wir nach weiteren 100 m zum **Museo Mirador** an der Paßhöhe Hoya de Becerra gelangen. Wir besuchen den Ausstellungsraum des Centro de Interpretación, lassen uns informieren über die Kanarischen Inseln und ihre Bewohner, versorgen uns mit landwirtschaftlichen Produkten der Region.

Vom Museo Mirador nach Llanos de la Pez.

Anschließend folgen wir der zum Pico de las Nieves führenden Straße 300 m in südöstlicher Richtung und biegen an einem weißen Haus rechts der Straße ein (Degollada de la Cumbre). Zwei Wege nehmen hier ihren Ausgang: Geradeaus führt ein Pfad nach La Culata hinab, links strebt ein Pfad steil hangaufwärts. Wir wählen letzteren und kommen nach 15minütigem Aufstieg zum Sockel des Berges Montaña del Toro. Tief unten sehen wir den Weiler La Culata, hoch oben ragt einsam der Roque Nublo auf. Der mit groben Steinen gepflasterte Weg führt höhehaltend am Hang entlang. Nahe einem verschlossenen Höhleneingang führen Stufen ins Tal hinab und gehen in einen steingepflasterten Weg über, der sich kurz darauf teilt. Die Gabelung trägt den Namen **Corral de los Juncos** (1699 m). Der linke Weg führt zur Kreuzung Llanos de la Pez (siehe Variante), wir folgen dem rechten, südwärts führenden Weg und kreuzen zwei Pisten, die rechts zur Campingzone Corral de los Juncos führen. Stets ist der Fortlauf unseres Weges durch Seitenmauern deutlich angezeigt. Er stößt schließlich auf eine Piste, in die wir rechts einbiegen. Nach 250 m erreichen wir das Freizeitcamp **Llanos del Garañon** (Ebene des Ziegenbocks), gehen 300 m an den zugehörigen Sportanlagen entlang und kommen zu einer Gabelung. Hier ignorieren wir die links zum 100 m entfernten Haupteingang führende Piste (vgl. Tour 24) und halten uns rechts, vorbei an einer Obstplantage. Nach 100 m startet zur Linken ein deutlich markierter Camino Real, dem wir in südwestlicher Richtung folgen. Er verläuft durch jungen Kiefernwald am Rande des Talkessels von La Culata. Nach 10 Minuten schwenkt er auf Westkurs und geleitet uns hinab zum **Embalse de los Hornos**, den wir auf einer Staumauer überqueren. Anschließend windet sich der Weg 250 m serpentinenförmig zur Straße Cueva Grande – Ayacata hinauf, erlaubt Rast an einem runden Aussichtsplatz mit Steinbänken. Wir biegen rechts in die Straße ein und erreichen nach 400 m das Steinplateau **La Goleta**. Zur nächsten Bushaltestelle in Ayacata sind es von hier 45 Minuten (siehe Variante 3).

Nahe Corral de los Juncos.

20 Rundwanderung um den Roque Nublo

Ein Muß für jeden Inselbesucher!

La Goleta – Degollada Blanca – Roque Nublo – La Goleta

Talort: Ayacata, 1290 m (Haltestelle der Buslinie 18).
Ausgangspunkt: La Goleta, 1578 m (keine Busverbindung, doch Parkmöglichkeit für Pkw; Anmarsch möglich mit Tour 19 ab Cruz de Tejeda und mit Tour 23 ab Ayacata).
Gehzeiten: La Goleta – Degollada Blanca 30 Min., Degollada Blanca – Roque Nublo 40 Min., Roque Nublo – La Goleta 30 Min.; Gesamtzeit 1 Std. 40 Min. (4,8 km).
Höhenunterschied: Insgesamt 450 m.
Anforderungen: Vorwiegend leichte Wanderung auf gut ausgebauten Wegen, nur der Schlußaufstieg zum Roque Nublo ist anstrengend.
Einkehr: Nächstgelegene Bar in Ayacata und am Picknickplatz Las Mesas (3,3 km östlich La Goleta an der Straße nach Cueva Grande).
Variante: Die Umrundung des Roque Nublo läßt sich mit einem Ausflug nach La Culata verknüpfen, wodurch sich die Gesamtgehzeit auf knapp 3 Std. erweitert. Man steigt mit Tour 23 in den Ort hinab, genießt eine prächtige Aussicht auf den östlichen Ausläufer der Tejeda-Schlucht. Mit Tour 21 Richtung El Aserrador steigt man hinauf zur Degollada Blanca, wo sich der Weg mit der nachfolgend beschriebenen Route rund um den Roque Nublo vereinigt.

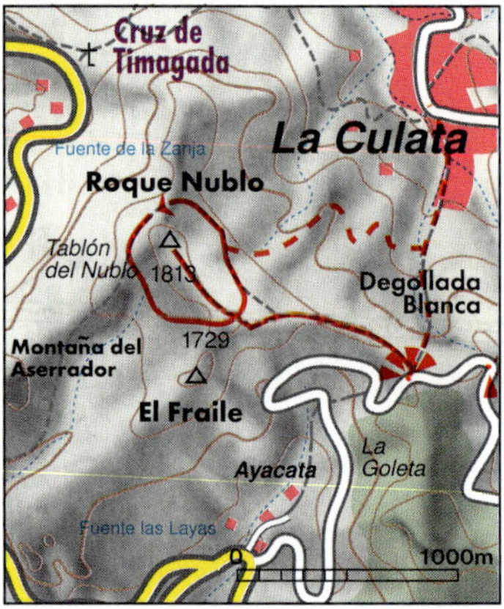

Der 1813 m hohe Roque Nublo (›Wolkenfels‹) ist das Wahrzeichen Gran Canarias, ein in vielen Liedern besungener altkanarischer Kultplatz. Der Felsfinger erhebt sich gleich einer gigantischen Skulptur 65 m über dem Sockelgrund und thront majestätisch über der Caldera de Tejeda. Er ist das Relikt eines ehemaligen Vulkanschlots, der durch Erosion abgetragen wurde – nur das harte Kerngestein vermochte der Kraft von Wasser und Wind zu widerstehen.

Drei Wanderwege starten vom Steinplateau **La Goleta** an der Straße Ayacata – Cruz Grande. Wir wählen den mittleren Weg, der links am Berghang entlang verläuft, dabei anfangs nur geringfügig, später moderat ansteigt. Im Südwesten sehen wir das breite Tal von Ayacata, die weißen Häuser des Dorfes gruppieren sich um eine kleine Kirche. Vor uns der Roque Nublo, links von ihm der kleinere El Fraile (Mönch), dessen Silhouette an einen betenden Mönch erinnert. Wir erreichen ihn nach 800 m, halten uns an der Abzweigung rechts und beginnen – entgegen dem Uhrzeigersinn – die Umrundung

Majestätischer ›Wolkenfels‹.

des Roque Nublo. Der zumeist abschüssige Weg schlängelt sich zwischen Kiefernbäumen und Ginsterbüschen hindurch und erreicht nach 700 m die **Degollada Blanca**. Rechts führt ein Weg zum Dorf La Culata hinab – wir halten uns links und bleiben stets unterhalb der steilen Felswand des Roque Nublo. Nach einer weiteren Linkskurve genießen wir eine phantastische Aussicht auf das Zentrum und den Westen der Insel: Im Vordergrund der Roque Bentaiga, dahinter die Hochebene von Acusa mit dem kantig aufragenden Massiv des Altavista. Wir gehen weiter um das Felsmassiv des Roque Nublo herum und wählen nach 15 Minuten eine Abzweigung nach links. Der Weg verläuft vorübergehend steil bergan und gelangt nach 15 Minuten zu einer weiteren Gabelung. Auch hier halten wir uns links, krönen die Rundwanderung mit einem zehnminütigen Aufstieg zum 1743 m hohen Gipfelplateau unterhalb des **Roque Nublo**.
Wir kehren zur Gabelung zurück, biegen links ein und erblicken zur Rechten einen mächtigen Felsblock mit zahlreichen Höhlen. Kurz darauf erreichen wir wieder den betenden Mönch (Roque Fraile), an dem die Rundwanderung ihren Ausgang nahm. Von hier nehmen wir den geraden Weg, der uns in knapp 15 Minuten zurück zum Plateau **La Goleta** bringt.

21 Vom Museo Mirador zur Paßhöhe am Berg El Aserrador

Großartige Durchquerung der Caldera de Tejeda

Museo Mirador – La Culata – Degollada Blanca – Tablón del Nublo – Degollada del Aserrador

Ausgangspunkt: Museo Mirador, 1542 m (3 km südöstlich Cruz de Tejeda an der Straße nach Telde, keine Busverbindung, Anmarsch möglich mit Tour 18 und 19).
Endpunkt: Degollada del Aserrador, 1330 m (Kreuzung am gleichnamigen Berg an der Straße Tejeda – Ayacata bei Km 53.2, Haltestelle der Buslinie 18).
Gehzeiten: Museo Mirador – La Culata 1¼ Std., La Culata – Degollada Blanca 1 Std., Degollada Blanca – Tablón del Nublo 15 Min., Tablón del Nublo – Degollada del Aserrador 45 Min.; Gesamtzeit 3¼ Std. (10,8 km).

Höhenunterschied: 440 m im Aufstieg, 650 m im Abstieg.
Anforderungen: Wanderung auf gut ausgebauten Königspfaden; nur der Aufstieg von La Culata zum Roque Nublo ist anstrengend.
Einkehr: Bars in La Culata.
Varianten: In La Culata Kombination mit Tour 22 (nach Tejeda) und Tour 23 (nach Ayacata). Ab der Paßhöhe am El Aserrador sind zwei längere Anschlußwanderungen möglich: Tour 30 führt zum Stausee Cueva de las Niñas (Richtung Mogán), über Tour 29 ist man mit El Carrizal (Richtung La Aldea de San Nicolás) verbunden.

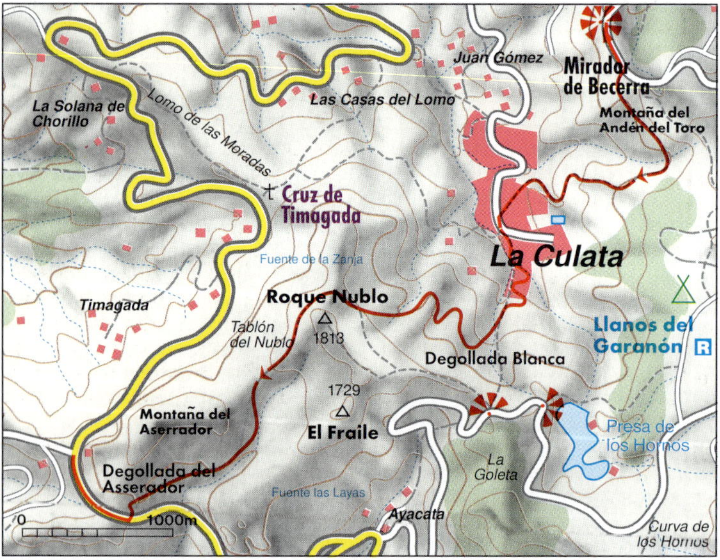

Eine attraktive, aber anstrengende Wanderung: Nach dem Abstieg in den Barrancogrund erklimmen wir den Sockel des Roque Nublo und umrunden ihn an seiner Nordseite. Einfach ist nur die letzte Etappe durch das Nublo-Tal. Anmutige Mandelbäume, Kiefern und Ginsterbüsche kontrastieren mit den bizarr geformten Felsblöcken, die das Tal zur Straße hin abriegeln. Bevor der Tourismus die Insel veränderte, hatte der hier beschriebene, inzwischen restaurierte Camino Real große Bedeutung für die Bergbewohner. Auf ihm brachten sie ihre Waren an die Westküste, in das abgeschiedene Bergdorf Mogán.
Vom **Museo Mirador** an der Paßhöhe Hoya de Becerra folgen wir der zum Pico de las Nieves führenden Straße 300 m in südöstlicher Richtung und biegen an einem weißen Haus rechts der Straße ein (Degollada de la Cumbre). Zwei Wege nehmen hier ihren Ausgang: Wir wählen den rechten, geradeaus weisenden Weg, der uns am Westhang des Berges Andén del Toro entlang in zahlreichen Kehren hinabführt. Nach einer Stunde erreichen wir das erste Wohnhaus von **La Culata**. Wir gehen 100 m auf Asphaltstraße abwärts, biegen an der Gabelung rechts ein und steigen nach weiteren 200 m links über Stufen direkt in 10 Minuten zum Dorfzentrum hinab.
Bar und Bushaltestelle befinden sich rechts, wir gehen die Hauptstraße 200 m nach links und biegen hinter dem Haus Nr. 52 rechts in einen steingepflasterten Weg ein. Wir kreuzen den üppig bewachsenen Barranco und gehen links an weißgetünchten Häusern vorbei aufwärts. Nach etwa 400 m stoßen wir nacheinander auf mehrere Gabelungen, halten uns jeweils rechts und bewegen uns in weiten Kehren, zeitweise steil ansteigend, auf die Nordseite des Roque Nublo zu. An der Weggabelung der **Degollada Blanca** gehen wir rechts (kurzzeitig ist unsere Route identisch mit Tour 20). Wir laufen 15 Minuten im Halbkreis um den Roque Nublo herum, bevor wir auf eine Gabelung stoßen (**Tablón del Nublo**, 1614 m); hier wenden wir uns vom Roque Nublo ab und schlagen den rechten, in südwestlicher Richtung verlaufenden Weg ein. Dieser ist streckenweise von Steinmauern flankiert und führt stetig bergab. Wir durchqueren eine Talsohle, laufen im Zickzack über felsigen Grund und kommen an dichten Ginsterbüschen vorbei. Nachdem sich zwei Täler vereint haben, führt der Pfad rechts am Barrancobett entlang und überwindet abschüssiges und glattes Felsgestein. Wir passieren einen winzigen Stausee, links von ihm erhebt sich der Roque Elba in Form eines erhobenen Zeigefingers, dahinter die Riscos del Laurel, felsige Ungetüme, vor denen sogar geübte Kletterer zurückschrecken.
Der Schlußabschnitt beginnt an einem von Mandelbäumen umgebenen Felsdurchbruch, der uns auf die benachbarte Hangseite geleitet. Der Weg führt uns in wenigen Minuten zur Straße C-815 hinab (Km 53.7), die Tejeda mit Ayacata verbindet, und folgen dieser 500 m nach rechts. Ziel der Wanderung ist die Kreuzung an der **Degollada del Aserrador**.

22 Rundwanderung ab Tejeda

Durch Mandelbaumhaine in den Talgrund der Caldera

Tejeda – Cruz de Timagada – La Culata – Finca Gran Chaparral – Tejeda

Ausgangspunkt: Tankstelle am südlichen Ortsausgang von Tejeda, 1049 m (an der Straße nach Ayacata bei Km 43.5, Haltestelle der Buslinien 18 und 305).
Endpunkt: La Culata, 1210 m (Haltestelle der Buslinie 305).
Gehzeiten: Tejeda – Cruz de Timagada 1¼ Std., Cruz de Timagada – La Culata 45 Min., La Culata – Finca Gran Chaparral 15 Min., Finca Gran Chaparral – Tejeda 45 Min.; Gesamtzeit 3 Std. (9,6 km).
Höhenunterschied: Insgesamt 600 m.
Anforderungen: Vorwiegend leichte Wanderung, nur anfangs auf Straße, dann durchgehend auf markierten Pfaden.
Einkehr: Bars und Restaurants in Tejeda und La Culata; in Tejedas Dulcería werden die leckersten Mandelsüßigkeiten der Insel hergestellt. Nahe dem Cruz de Timagada, an der Straße nach Ayacata bei Km 51.3 verkauft Josefa Hernández Pérez Honig aus eigener Produktion.
Unterkunft: Herberge, Hotel und Appartements in Tejeda.
Varianten: Die Anschlußwanderungen ab La Culata starten von der Hauptstraße südlich des zentralen Dorfplatzes (Bushaltestelle). Nach 50 m zweigt links ein Pfad ab, der zwischen Häusern steil ansteigt (Tour 21 zum Museo Mirador), nach 250 m startet rechts ein steingepflasterter Weg, der sich nach 5 Min. gabelt (links Tour 23 nach La Goleta, rechts Tour 21 zum Roque Nublo und nach El Aserrador).

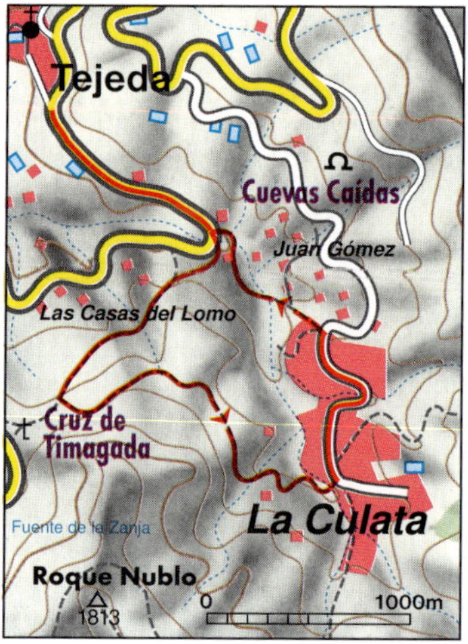

Tejeda ist das schönste Bergdorf Gran Canarias: terrassenförmig schmiegen sich seine Häuser an den Hang, eine grüne Oase inmitten karger und zerklüfteter Felsen. Doch auch der Zielort La Culata lohnt einen Besuch: ein abgeschiedener Weiler, der so tief im Talgrund vergraben liegt, daß ihn die Sonne im Winter kaum erreicht.

Von **Tejeda** folgen wir der nach Ayacata führenden Straße und biegen nach 15 Minuten an einer scharfen Rechtskurve (Km 44.7) links ab in eine Piste, von der sich nach 125 m ein Camino Real steil den Berghang rechts emporwindet. Mandelbäume und Agaven säumen den Pfad, in dunklen Felsspalten behauptet sich die seidenblättrige Zistrose. Wir passieren den Weiler **Casas del Lomo** und sehen zur Rechten den sagenumwobenen Felsturm Roque Bentaiga. Nach 1,6 km kommen wir zu einer Gabelung; wir halten uns rechts

Cruz de Timagada.

und erreichen nach 300 m das Plateau **Cruz de Timagada**. Es ist mit zwei Kreuzen geschmückt und liegt malerisch am Fuß des Felsmassivs des Roque Nublo (oberhalb der Straße Tejeda – Ayacata, Km 50.9). Nach kurzer Rast kehren wir zur Gabelung zurück und gehen rechts in östlicher Richtung weiter. Der Weg verläuft im Halbkreis um das Roque-Nublo-Massiv, anfangs höhehaltend, nach 20 Minuten abfallend. Auf einer Brücke queren wir den Talgrund und steigen 200 m zur Straße hinauf. Wir befinden uns jetzt direkt im Ortszentrum von **La Culata**: links die Kirche, vor uns die Bushaltestelle, rechts die Dorfbar.

Der Rückweg ist leichter, aber nicht so abwechslungsreich wie der Hinweg. Wir folgen der Hauptstraße in nördlicher Richtung und verlassen diese nach 15 Minuten (100 m hinter der **Finca Gran Chaparral**) auf einem links abzweigenden, anfangs steingepflasterten Weg. Er führt uns nach 100 m auf eine Piste, der wir 40 m nach rechts folgen: Scharf rechts schraubt sich ein Weg abwärts, berührt nach 4 Minuten die Piste und setzt sich sogleich rechts wieder fort. Nach sechsminütigem Abstieg kommen wir zu einer Gabelung, halten uns links, um dann sofort rechts einzubiegen und den Talgrund zu queren. Wir gehen auf der rechten Talseite durch ein Bambusspalier abwärts, queren nach 8 Minuten abermals das Bachbett und wechseln auf die Piste über, die uns nach 250 m zur Straße Ayacata – Tejeda führt. Diese bringt uns rechts in 15 Minuten zurück zum Ausgangspunkt der Wanderung.

23 Von Ayacata nach La Culata

Zwei Bergdörfer, getrennt durch den ›Wolkenfels‹

Ayacata – La Goleta – La Culata

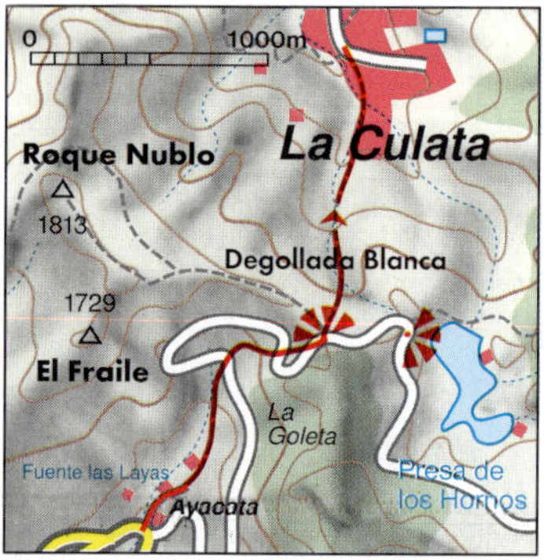

Ausgangspunkt: Ayacata, 1290 m (Haltestelle der Buslinie 18).
Endpunkt: La Culata, 1210 m (Haltestelle der Buslinie 305).
Gehzeiten: Ayacata – La Goleta 1 Std., La Goleta – La Culata 45 Min.; Gesamtzeit 1¾ Std. (4 km).
Höhenunterschied: 300 m im Aufstieg, 380 m im Abstieg.
Anforderungen: Aufgrund des zu bewältigenden Gefälles anstrengende, doch nicht schwierige Wanderung auf Königspfaden.
Einkehr: Bars in Ayacata und La Culata.
Varianten: Kombination mit Tour 20 und 24 (ab La Goleta), Tour 21 und 22 (ab La Culata).

Gezackte Steilwände und versprengte Felsblöcke verleihen dem Ayacata-Tal eine dramatische Note. Im Frühjahr ist der Weg in ein gelbes Meer getaucht, von Ayacata bis hinauf zum Roque Nublo (›Wolkenfels‹) erblühen Ginsterbüsche. Im Winter präsentiert sich das Tal in weißem Gewand, allerorts öffnen sich die Blüten der Mandelbäume. Landschaftlich reizvoll ist auch der Abstieg nach La Culata: Wir durchschreiten begrünte Hänge und genießen eine prächtige Aussicht auf den östlichen Ausläufer der Tejeda-Schlucht. In La Ortiguilla passieren wir alte Gehöfte mit gackernden Hühnern und herumstreunenden Katzen, Ziegen mustern neugierig die fremden Besucher.

An der Kirche von **Ayacata** biegen wir in die Straße nach Cueva Grande ein. Nach 20 m folgen wir einem betonierten Weg nach links, der eine lange Straßenkehre abkürzt und nach wenigen Minuten abermals in sie einläuft. Links eine Steinmauer, hinter der sich der Weg sogleich wieder fortsetzt. Wir kommen zu einem verschlossenen Tor, an dem wir rechts vorbeigehen: Der Weg hält sich 100 m parallel zur gesperrten Privatpiste, bevor er sie am Haus Nr. 45 kreuzt und geradeaus aufwärts weiterführt. Vor uns die schmal aufragende Skulptur des Roque Fraile, rechts das Montañon-Massiv. An der Finca La Huerta Grande erreichen wir nach 750 m abermals die Straße und folgen dieser knapp 100 m nach links. Hinter dem Haus Nr. 49 nehmen wir einen über Steinstufen steil aufwärtsführenden Pfad. Nach weiteren 400 m haben wir erneut Kontakt mit der Straße, folgen ihr 200 m nach rechts, bevor sich links der Camino Real fortsetzt. Nach weiteren 350 m ist das Aussichtsplateau **La Goleta** erreicht.

Hier folgen wir dem nordöstlich abzweigenden Pfad, der sich durch lichten Kiefernwald serpentinenförmig in den Barranco hinabwindet. In der Nähe eines Talgrunds sehen wir Laubbäume nahe einer kleinen Quelle. Zwei Minuten später lädt eine Steinbank zu einer Verschnaufpause ein. Bald darauf erblicken wir in einer Felswand Höhlen, die bei Nebel und Regen Schutz bieten. Schließlich stößt der Weg auf eine Kreuzung. Die linke Abzweigung führt zum verlassenen Forsthaus Casa del Pino, wir halten uns rechts und ignorieren 8 bzw. 10 Minuten später zwei weitere Abzweigungen zur Linken (die Wege führen gleichfalls zur Casa del Pino). Fast am Talgrund angelangt, erreichen wir die ersten Häuser von **La Culata** (Ortsteil La Ortiguilla). Am asphaltierten Plateau halten wir uns links und wählen den steingepflasterten Weg, der an duftenden Feigenbäumen vorbei bergab führt. Wir queren den Talgrund und gelangen zur Hauptstraße, auf der wir links 250 m zur Bar und Bushaltestelle weitergehen.

Ayacata ist ein beliebter Treffpunkt von Kletterern.

24 Von Ayacata nach Cruz Grande

Camino de la Cumbre – aussichtsreicher Höhenweg durch das Zentralmassiv

Ayacata – La Goleta – Llanos del Garañon – Curva de los Hornos – Degollada de los Hornos – Cruz Grande

Ausgangspunkt: Ayacata, 1290 m (Haltestelle der Buslinie 18).
Endpunkt: Cruz Grande, 1228 m, an der Straße Ayacata – San Bartolomé bei Km 63.5 (Haltestelle der Buslinie 18).
Gehzeiten: Ayacata – La Goleta 1 Std., La Goleta – Llanos del Garañon 30 Min., Llanos del Garañon – Curva de los Hornos 15 Min., Curva de los Hornos – Degollada de los Hornos 15 Min., Degollada de los Hornos – Cruz Grande 1½ Std.; Gesamtzeit 3½ Std. (9,3 km).

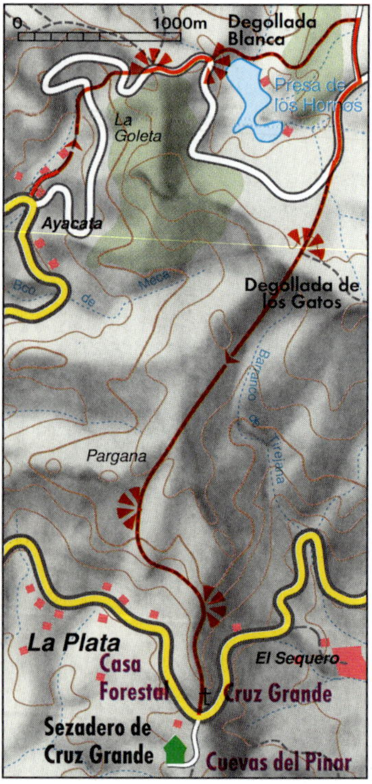

Höhenunterschied: 460 m im Aufstieg, 520 m im Abstieg.
Anforderungen: Wanderung meist auf gut ausgebautem Camino Real, kurzzeitig auf Piste und Straße; aufgrund des Höhenunterschieds zeitweise anstrengend.
Einkehr: Bar und Restaurant in Ayacata.
Unterkunft: Die nächstgelegene Pension befindet sich in San Bartolomé.
Varianten: 1. Die Wanderung verkürzt sich auf 1¾ Std., wenn man sie direkt an der Straße Ayacata – Cueva Grande (›Curva de los Hornos‹, 5,2 km östlich Ayacata und 2,7 km westlich der Kreuzung Cruce Llanos de la Pez) beginnen läßt.
2. Wer in Cruz de Tejeda starten will, folgt Tour 19 bis zum Freizeitcamp Llanos del Garañon und schließt sich dort der hier beschriebenen Tour an.
3. Mehrere Anschlußwanderungen starten an der Paßhöhe Cruz Grande. Um nach San Bartolomé zu gehen, hält man sich auf der Straße rechts und folgt noch vor dem Felsdurchbruch der links abzweigenden, durch eine Kette für Autos gesperrten Piste (Tour 35). Um nach Chira zu gelangen, passiert man den Felsdurchbruch und folgt der links abzweigenden Forstpiste. An der Gabelung nach 80 m geht man links, durch die Kettensperre (Naturschutzgebiet). Nach 1,6 km Weggabelung an der Degollada del Dinero, wo rechts ein Camino Real zum Chira-See hinabführt (Tour 35, Beschreibung in umgekehrter Richtung).

Der Weg nach Cruz Grande führt über kiefernbestandene Hänge und felsige Höhen, eröffnet atemberaubende Ausblicke in das weitverzweigte Schluchtennetz der Insel. Im Schlußdrittel ist er fugendicht gepflastert und von Seitenmauern flankiert: das Paradebeispiel eines traditionellen Königspfads!

Aufstieg nach La Goleta.

Der Aufstieg von **Ayacata** nach **La Goleta** (1578 m) ist uns aus Tour 23 bereits bekannt. Danach folgen wir der Straße in östlicher Richtung und kommen nach 400 m zu einem kleinen runden Aussichtsplateau mit Steinbänken. Auf gepflastertem Weg gehen wir 300 m zur Talsperre Los Hornos hinab und überqueren die Staumauer; nach weiteren 800 m gelangen wir zu einer Ebene mit Obstbaumplantagen, biegen rechts ein auf eine Piste und kommen nach 200 m zum Freizeitcamp **Llanos del Garañon**, 1675 m (vgl. Tour 19). Wieder halten wir uns rechts – ein breiter, 600 m langer Weg bringt uns südwärts zur Straße Cueva Grande – Ayacata, der wir 450 m zur weiten, nach dem nahen Stausee benannten **Curva de los Hornos** (1640 m) folgen. Leicht versteckt hinter Kiefernbäumen entdecken wir einen breiten Camino Real, der südwärts über Steintreppen durch lockeren Kiefernwald ansteigt. Er führt uns entlang mehrerer Grenzsteine in 15 Minuten zum höchsten Punkt der Wanderung, der 1719 m hohen **Degollada de los Hornos**. Von dort genießen wir einen herrlichen Blick über das zentrale Bergmassiv mit den Gipfeln Moriscos, Roque Nublo und Pico de las Nieves – letzterer ist durch einen Pfad zur Linken erreichbar (Tour 25).

Der Weg nach Cruz Grande bleibt vorerst weiter auf Südwestkurs. Er führt an einem steil abfallenden Seitental entlang und überquert anschließend die kahle Hochebene Pargana. Hier beginnt die interessanteste Etappe der Wanderung, der Abstieg zur Degollada de la Cruz Grande. In vielen steilen Kehren führt der von dicken Mauern eingefaßte Weg am Rande einer fast senkrechten Felswand hinab. Wir genießen einen überwältigenden Ausblick auf den grünlich schimmernden Chira-See, die Ortschaft Cercados de Araña und die wunderbar gelegenen Cho Flores, zwei kleine, seitwärts in die Felswand eingedrückte Stauseen. Weiter unten kreuzt der Weg einen kleinen Barranco, wird allmählich flacher und erreicht, vorbei an einem Anwesen, die von Ayacata nach San Bartolomé führende Straße am **Cruz Grande**.

25 Über den Pico de las Nieves nach San Mateo

Über den ›Schneegipfel‹, den höchsten Berg der Insel, in eine typisch kanarische Kleinstadt

Degollada de los Hornos – Pico de las Nieves – Siete Fuentes – Casa de los Ingleses – Lomo de los Torraeros – San Mateo

Talort: Ayacata, 1290 m (Haltestelle der Buslinie 18).
Ausgangspunkt: Degollada de los Hornos, 1719 m (keine Busverbindung, Anmarsch möglich mit Tour 24; im entsprechenden Kapitel finden sich auch Hinweise für Wanderer, die in Ayacata oder Cruz de Tejeda starten wollen).
Endpunkt: San Mateo, 836 m (Haltestelle der Buslinien 214, 303 und 305).
Gehzeiten: Degollada de los Hornos – Pico de las Nieves 1 Std., Pico de las Nieves – Siete Fuentes 30 Min., Siete Fuentes – Casa de los Ingleses 1 Std., Casa de los Ingleses – Lomo de los Torraeros 1 Std., Lomo de los Torraeros – San Mateo 45 Min.; Gesamtzeit 4¼ Std. (11,8 km).
Höhenunterschied: 260 m im Aufstieg, 1140 m im Abstieg.
Anforderungen: Mittelschwere Wanderung auf Wegen und Pisten, kurzzeitig auch auf Asphalt. Aufgrund des Nordostpassats und der damit verknüpften Wolkenbildung ist die Sicht im zweiten Wanderabschnitt oft eingeschränkt.
Einkehr: Imbißstand auf dem Aussichtsplateau des Pico de Las Nieves, Bars und Restaurants in San Mateo.
Variante: Vom Landeplatz für Hubschrauber besteht die Möglichkeit, über die ostwärts weiterführende Piste Anschluß an die Wanderungen nach Santa Lucía, in den Barranco de Guayadeque und nach Valsequillo zu bekommen. Man folgt der Piste 1,2 km bis zum Sockel des mit Radaranlage gekrönten Roque Redondo, 1918 m. An der ausgeprägten Linkskurve hält man sich rechts und geht über eine rötlich gefärbte Erdpiste abwärts. 10 Min. später passiert man eine Sperrkette und spaziert durch eine leicht gewellte, mit Buschwerk bedeckte Landschaft. Einen breiten, mit Kette abgeriegelten Weg zur Rechten ignorierend, geht es in Ostrichtung weiter zu einer wichtigen Pistenkreuzung an der Mesa de las Vacas (1 Std. ab Pico de las Nieves). Rechts führt eine Piste nach Santa Lucía hinab (vgl. Tour 27), links passiert man diverse Zugänge zu einer Finca und erreicht die Curva del Agua an der Straße nach Telde (30 Min. ab Cruce Mesa de las Vacas). 40 m vor Erreichen der Straße zweigt rechts eine anfangs zypressengesäumte Piste zum Vulkankrater Caldera de los Marteles ab. Die Pistenkreuzung an der Südseite des Kraters (45 Min. ab Curva del Agua) erlaubt Anschluß an Tour 26 von Guayadeque nach Valsequillo.

Vom Aussichtsplateau am Pico de las Nieves genießen wir bei klarem Wetter eines der schönsten Panoramen, das die Insel zu bieten hat. Im Nordwesten schieben sich die Bergketten der Tejeda-Schlucht wie Festungsmauern ineinander: durch Vulkaneruption herausgeschleudertes Gestein, das geformt wurde durch Wasser und Wind. Kaum weniger dramatisch der Südwesten, wo zerklüftete, senkrecht abfallende Felsen die Caldera de Tirajana umrahmen – auf ihrem Grund erblicken wir die weißen Häuser von San Bartolomé. Ziel der Wanderung ist San Mateo, das sich am Wochenende in eine geschäftige Marktstadt verwandelt. Bauern kommen hierher, um Kühe und

Ziegen zu erstehen, Touristen interessieren sich für Kunsthandwerk und kanarische Spezialitäten. Wer bereits vormittags in San Mateo eintrifft, kann dem ethnographischen Museum Cho Zacarías einen Besuch abstatten (Mo-Sa 10-13 Uhr).

Vom gut ausgebauten Camino Real biegen wir am Sattelpunkt **Degollada de los Hornos** in einen Trampelpfad Richtung Osten ein, der uns durch lichten Kiefernwald führt und mehrfach durch Steinmännchen markiert ist. Wir bleiben auf dem Bergkamm oder halten uns links von ihm und passieren nach 15 Minuten eine größere Einsattelung, die auf topographischen Karten als Katzen-Paß (Degollada de los Gatos) verzeichnet ist. Von dort steigen wir, dem Kammverlauf folgend, geradewegs auf den **Pozo de las Nieves** (1926 m) zu und genießen von dort den herrlichen Ausblick auf das weit unter uns liegende Tirajana-Tal. Wir gehen ein kurzes Stück Richtung Katzen-

Gipfelpanorama.

Paß zurück und wählen den scharf rechts abzweigenden Pfad, der uns nordwärts am Westhang des ›Schneebrunnens‹ entlang aufwärtsführt. Dabei ignorieren wir die links abzweigenden Trampelpfade und folgen dem Weg, der allmählich auf Ostrichtung zurückschwenkt und den Blick freigibt auf die runden, mit Tarnfarben bemalten Kuppeln der Militärstation. Wir queren ein Felsplateau, steigen die Böschung empor und gelangen zum Aussichtsplateau am **Pico de las Nieves**, 1949 m. Wir genießen die herrliche Aussicht und erfrischen uns am Imbißstand.
Anschließend folgen wir der Straße 400 m abwärts zur Kreuzung Cruce Pico de las Nieves. Die Hauptstraße in Richtung Cruz de Tejeda/Cazadores führt links weiter, scharf rechts geht es zum Eingang der Militärstation; wir folgen der geradeaus weisenden Asphaltpiste zum Fernsehturm. Nach 250 m sehen wir zur Linken ein quadratisches Asphaltplateau, das zuweilen als Landeplatz für Hubschrauber dient. Hier biegen wir links in einen Pfad ein, der durch ein Seitental 350 m in Nordostrichtung abwärtsführt. An einem großen Kastanienbaum mündet er in ein breiteres Tal, dem wir in Ostrichtung folgen. Wir halten uns rechts vom Talgrund und erblicken zur Linken aufgelassene Obstplantagen, am Hang ein verlassenes Haus. Nach 300 m stoßen wir auf eine Schotterpiste, biegen rechts in diese ein und erreichen nach 400 m die von Cruz de Tejeda nach Cazadores führende Straße (knapp 3 km südöstlich der Kreuzung Cruce Llanos de la Pez).
Wir folgen der Straße nach links und verlassen sie nach 150 m an der Gabelung **Siete Fuentes** auf einer rechts, in nordwestlicher Richtung abzweigenden Piste. Nach 370 m zweigt rechts unser Camino Real nach San

Mateo ab. Während des Abstiegs gehen wir durch jungen Kiefernwald und passieren Felder, die mit Salbei und Levkoje überwachsen sind. Herrlich sind die Ausblicke auf den Cruz de Saucillo und den nördlich gelegenen Roque de Saucillo – zwei sagenumwobene Gipfel, bei Kanariern fast so beliebt wie der ›Wolkenfels‹. In einem malerischen Weiler mündet der Weg in eine Piste, die sich kurz darauf wieder verengt und erst an der **Casa de los Ingleses** als breiter Fahrweg fortgeführt wird.
Nach 1,2 km erreichen wir die Ortschaft **Las Camaretas**. Wir halten uns an der Gabelung rechts und folgen der auf Nordkurs zurückschwenkenden Piste 350 m, bevor wir die Wanderung auf einem Weg fortsetzen. Auf 1 km Länge geleitet uns dieser am Bergrücken **Lomo de los Torraeros** entlang und eröffnet herrliche Rückblicke, bevor er in die nach San Mateo führende Straße einmündet. Dieser folgen wir 850 m in nordöstlicher Richtung und biegen in einer scharfen Linkskurve rechts in einen Weg ein, der nach knapp 300 m abermals in eine Asphaltpiste übergeht. Die Landschaft ist von Feldern und Obstanpflanzungen geprägt; Viehweiden, die einst den Wohlstand San Mateos begründeten, sind auf dem Rückzug.
Die Piste führt uns zur Straße, die Valsequillo mit San Mateo verbindet (Km 40.6). Mehrfach können wir über Pisten abkürzen: Wir gehen die Straße 300 m bergab, wählen einen links abzweigenden Weg, auf dem wir erst nach 200 m und dann noch einmal nach 400 m die Straße kreuzen. Anschließend bleiben wir auf Asphalt und erreichen nach knapp 10 Minuten die Kirche im Ortszentrum von **San Mateo**.

Oberhalb der Wolkengrenze.

26 Durch den Barranco de Guayadeque nach Valsequillo

Im östlichen Bergland: spektakuläre Schluchten, Krater und Felsgipfel

Montaña de las Tierras – Caldera de los Marteles – Tenteniguada – Valsequillo

Talort: Agüimes, 286 m (Haltestelle der Buslinien 11, 27 und 34).
Ausgangspunkt: Restaurant Tagoror am Berg Montaña de las Tierras, 1042 m (Haltestelle der Buslinie 27).
Endpunkt: Valsequillo, 574 m (Haltestelle der Buslinien 14, 43 und 46).
Gehzeiten: Montaña de las Tierras – Mirador Caldera de los Marteles 1¾ Std., Mirador Caldera de los Marteles – Tenteniguada 1¾ Std., Tenteniguada – Valsequillo 1 Std.; Gesamtzeit 4½ Std. (12,3 km).
Höhenunterschied: 970 m im Abstieg, 500 m im Aufstieg.
Anforderungen: Wanderung auf Piste und teilweise steingepflastertem Königspfad; ab El Rincón wurde der ehemalige Camino Real über weite Strecken asphaltiert.
Einkehr: Höhlenrestaurant Tagoror am Ausgangspunkt, Bars und Restaurants in Tenteniguada und Valsequillo.
Unterkunft: Nächstgelegene Pension in Telde.
Variante: Kombination mit Tour 27 (ab Caldera de los Marteles).
Hinweis: Wer Furcht vor Hunden hat, sollte am Gehöft oberhalb der Barrancoverzweigung nicht der Piste links folgen, sondern sich rechts halten; Trampelpfade zu beiden Seiten des Talgrunds führen in 15 Minuten zur Caldera de los Marteles hinauf.

Der Barranco de Guayadeque, der vom Inselzentrum bis nach Agüimes im Osten hinabreicht, gehört in vielerlei Hinsicht zu den interessantesten Gran Canarias. In der engen, kaum besiedelten Schlucht erhalten sich seltene Pflanzen, in den Höhlen entdeckte man bei Ausgrabungsarbeiten prähispanische Mumien, Tongefäße und Inschriften. Im Museo de Guayadeque werden Besucher über die Kultur der Altkanarier informiert. Noch heute bewohnt sind die Höhlenhäuser des Weilers Cuevas Bermejas mit Kapelle und Höhlenbar.
Die Wanderung beginnt 4 km oberhalb des Weilers und führt über den Vulkankrater Los Marteles in die Schlucht von Tenteniguada hinab. Rings um das halbkreisförmige Tal ragen steile Felswände auf – wie Zinnen einer Festung sind sie mit bizarren Gipfeln gespickt. Von der ursprünglichen Lorbeerwaldvegetation erhielten sich zahlreiche Kraut- und Strauchpflanzen, z.B. die kanarische Zinerarie, eine der zehn seltensten Pflanzen der Erde. Dank der Lavaströme, die sich einst in den verwitterten Talgrund ergossen, mildert sich das Gefälle in der Ebene von Valsequillo, dem Ziel unserer Wanderung. Saftige Weiden und gepflegte Ackerterrassen prägen die Umgebung des Dorfes.
Ausgangspunkt der Wanderung ist der Berg **Montaña de las Tierras**, eine »geköpfte« Pyramide inmitten steiler Barrancowände. In seinen Sockel wurde ein labyrinthisches Höhlensystem gegraben, worin heute das Restaurant

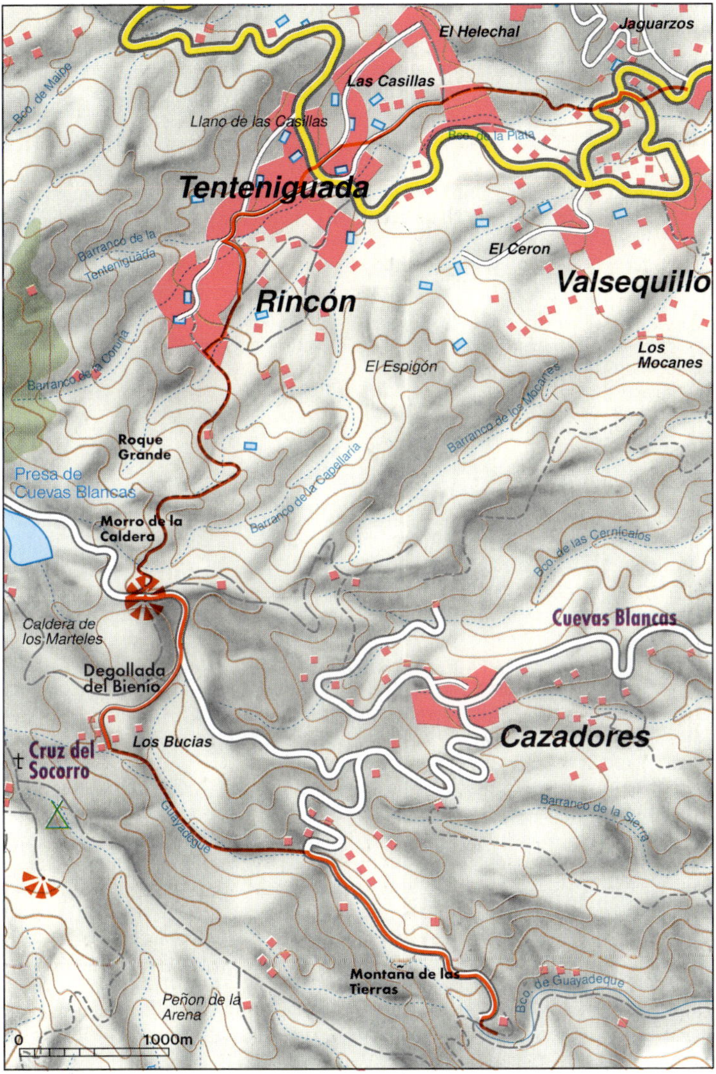
El Helechal
Jaguarzos
Las Casillas
Bco. de Maipe
Llano de las Casillas
Bco. de la Plata
Tenteniguada
Barranco de la Tenteniguada
El Ceron
Valsequillo
Rincón
Los Mocanes
El Espigón
Barranco de la Coruña
Barranco de los Mocanes
Roque Grande
Barranco de la Capellaria
Presa de Cuevas Blancas
Morro de la Caldera
Bco. de las Cernicalos
Caldera de los Marteles
Cuevas Blancas
Degollada del Bienio
Cazadores
Los Bucias
Cruz del Socorro
Barranco de la Sierra
Guayadeque
Montaña de las Tierras
Bco. de Guayadeque
Peñon de la Arena
0
1000m

Tagoror (altkanarisch: Versammlungsplatz) untergebracht ist. Vom Restaurant folgen wir einer Schotterpiste aufwärts – ein beschauliches Wegstück: Auf Wiesen blüht Klatschmohn, auf terrassierten Hängen wachsen Mandel- und Obstbäume. Vor uns die zerklüfteten Wände des Barranco de Guayadeque, hinter uns der kubenförmige Berg Montaña de las Tierras. Nach gut 30 Minuten – vor Erreichen einer Häusergruppe, an der die Piste rechts in Richtung Cazadores einschwenkt – achten wir auf einen links abzweigenden Weg, der den Talgrund quert und sich parallel zu diesem in Westrichtung fortsetzt. Nach 5 Minuten ignorieren wir einen aufwärtsführenden Pfad und laufen parallel zum Barrancogrund weiter. Nach weiteren gut 5 Minuten wechselt der Weg auf die rechte Talseite über, bevor er abermals nach links zurückschwenkt. Vor uns aufgelassene Terrassenfelder, die von gelbem Hahnenfuß und weißen Margariten überwuchert sind.
Hinter einer Steilstufe des Barrancos – zur Rechten eine Hausruine aus Naturstein – folgen wir einem Trampelpfad links aufwärts, bald wieder parallel zum Talgrund einschwenkend. Vor uns sehen wir bereits die dunklen, mit alten Kiefern gespickten Lavahänge der Caldera de los Marteles. Hinter einer Barrancoverzweigung kreuzt der Weg den Talgrund nach rechts und führt kammaufwärts an Kiefern entlang. Wenig später zur Rechten ein Gehöft: Unser Weg stößt auf eine Piste, der wir nach links folgen. Wir ignorieren das Schild ›Propiedad privada‹ (Privatbesitz) – die Piste ist allen zugänglich, privat sind nur die angrenzenden Ländereien. Nach mehreren Kurven gelangen wir zur Häusergruppe **Los Bucios**. Es ist sinnvoll, vor Erreichen der ersten Finca mit Rufen auf sich aufmerksam zu machen, damit der Besitzer seine Hunde beruhigt. Am letzten Haus schwenkt die Piste auf Nordost und führt uns zur Südseite des trichterförmigen Kraters **Caldera de los Marteles**. Wir ignorieren die scharf links abzweigende Piste (Tour 27) sowie den in den Kratergrund hinabweisenden Weg und erreichen nach 250 m die von Telde zum Pico de las Nieves führende Straße. Wir halten uns links und gelangen nach 10 Minuten zum Aussichtspunkt (1522 m) an der Nordseite des Kraters. Hier verlassen wir die Straße auf einer rechts abzweigenden Piste, die uns zum Talgrund des Barranco de Capellanía geleitet. Nach insgesamt 800 m endet sie hinter einem Wasserspeicher und geht über in einen gut ausgebauten Weg. Wir passieren die Höhlen von Salviar, die noch bis 1960 bewohnt waren, und genießen einen schönen Ausblick auf den 1507 m hohen Roque Grande zur Linken. Rings um uns gedeihen schatten- und feuchtigkeitsliebende Pflanzen: Korbweiden und Binsenrohr, dazwischen Farne und Blattrosetten. Der Weg führt zeitweise steil abwärts und stößt nach 2,1 km auf eine Piste, in die wir links einbiegen. An der ersten Gabelung halten wir uns rechts und durchlaufen auf Asphalt das Dorf **El Rincón** in nördlicher Richtung. Auf der Landstraße geht es weiter nach **Tenteniguada**, das Ortszentrum erreichen wir an der Straße San Mateo – Telde bei Km 46.7. Hier biegen wir links ein und verlassen die Hauptstraße an der Abzweigung in Richtung Las

Bizarr geformtes Gestein.

Casillas. Diese Landstraße ist nur wenig befahren und geht nach 20 Minuten in eine Piste über, die sich zu einem Camino Real verengt. Auf diesem steigen wir zum Barranco de la Plata hinab und erreichen eine schmale Asphaltpiste, über die wir bei Km 51.1 abermals auf die Straße San Mateo – Telde stoßen. Dieser folgen wir 100 m nach rechts, biegen dann links ab und queren den Talgrund. Nach wenigen Minuten erreichen wir das Ortszentrum von **Valsequillo** mit Kirchplatz, Bars und Bushaltestelle.

27 Vom Vulkankrater Caldera de los Marteles nach Santa Lucía

Entlang zerklüfteter Steilwände zu einem palmenumrankten Bergdorf

Caldera de los Marteles – Curva del Agua – Sepultura del Gigante – Taidía – Santa Lucía

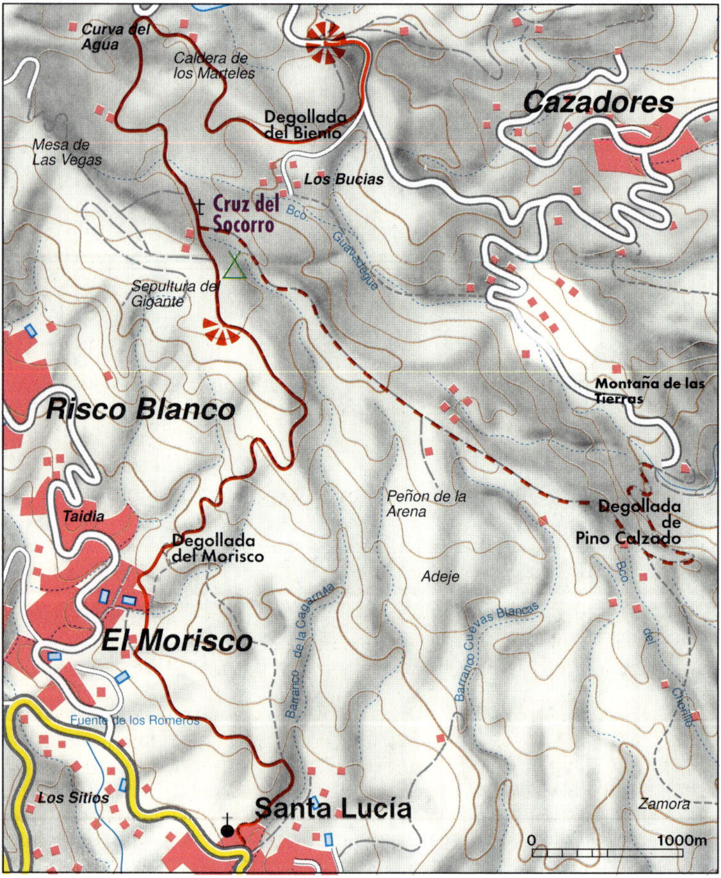

Ausgangspunkt: Mirador Caldera de los Marteles, 1522 m (14 km östlich Cruz de Tejeda an der Straße nach Telde; keine Busverbindung, Anmarsch möglich mit Tour 26).

Endpunkt: Santa Lucía, 701 m (Haltestelle der Buslinie 34).

Gehzeiten: Caldera de los Marteles – Curva del Agua 45 Min., Curva del Agua – Sepultura del Gigante 45 Min., Sepultura del Gigante – Taidía 2 Std., Taidía – Santa Lucía 30 Min.; Gesamtzeit 4 Std. (13,2 km).

Höhenunterschied: 180 m im Aufstieg, 1000 m im Abstieg.

Anforderungen: Am Vulkankrater beschwerliches Laufen auf Lava, danach gemütliche Wanderung auf Forstweg; ab Sepultura Gigante stark abfallender und schwieriger Abstieg bis Taidía. Nach vorangegangenen Niederschlägen sollte dieser Weg nicht benutzt werden!

Einkehr: Bars/Restaurants in Santa Lucía.

Unterkunft: Zelten auf der Mesa de las Vacas, Appartements in Santa Lucía.

Varianten: 1. Wer die Wanderung erst an der Curva del Agua (1705 m) beginnen möchte, läßt sich zu der scharf eingeschnittenen Kurve am Vulkanberg La Calderilla bringen. Sie liegt an der Straße Pico de las Nieves – Telde (6,7 km östlich der Kreuzung Llanos de la Pez bzw. 2,5 km westlich der Caldera de los Marteles). Vom Scheitelpunkt der Straßenkurve folgt man der Piste, die sich nach 40 m teilt: hier auf der rechten, rasch südwärts einschwenkenden Piste weiter.
2. Vom Holzkreuz Cruz del Socorro (1660 m) Abstiegsmöglichkeit in den Barranco de Guayadeque (nur erfahrenen Wanderern zu empfehlen): Man folgt der links abzweigenden Piste in südöstlicher Richtung, ignoriert mehrere rechts abzweigende Erdstraßen und geht links vorbei am Felsen Peñon de la Arena (1506 m), dann am Bergkamm Guaniles entlang. Auf diesem gelangt man nach knapp 1 Std. zur Paßhöhe Pino Cazado (1294 m), einem markanten Felseinschnitt, der die beiden etwa gleich hohen Guaniles-Gipfel (1322 und 1323 m) voneinander trennt. An der Paßhöhe beginnt der schwierige Teil der Wanderung: Auf einem zeitweise von Buschwerk überwucherten Weg geht man anfangs in nordöstlicher Richtung, dann in vielen Serpentinen steil bergab. Ziel ist das Höhlenrestaurant Tagoror am Berg Montaña de las Tierras (1042 m; vgl. Tour 26). Von hier führt eine Asphaltpiste durch den Barranco de Guayadeque nach Agüimes hinab (Cruz del Socorro – Montaña de las Tierras 1¾ Std., 4,4 km).

Mit einem Durchmesser von 500 m bestimmt der ovalförmige Vulkankrater Caldera de los Marteles das Landschaftsbild der Region. Sein Rand ist von Kiefernbäumen gekrönt, sein Grund mit einem Mosaik aufgelassener Felder bedeckt. Zielpunkt dieser Wanderung, bei der auf wenigen Kilometern ein Höhenunterschied von fast 1000 m bewältigt wird, ist der Ort Santa Lucía, eine grüne Oase inmitten der kargen Hänge des Südens. Hohe, kräftige Dattelpalmen steigen aus dichtem Schilfrohr auf, scharen sich um die Häuser, die orientalisch anmutende Kirche und das einer Festung nachempfundene Privatmuseum La Fortaleza.

Vom Aussichtspunkt **Caldera de los Marteles** folgen wir der Straße in Richtung Telde und verlassen diese nach 10 Minuten auf einer rechts abzweigenden Piste, die sich nach 250 m gabelt. Rechts geht es zum Kratergrund hinab, halblinks zur Finca Los Bucios (Tour 26). Wir folgen der geradeaus führenden, zwar als Privatweg markierten, für Wanderer jedoch frei zugänglichen Piste – sie führt anfangs über Lavabelag, nach knapp 10 Minuten über festen Erdgrund. Dabei durchlaufen wir lichten Kiefernwald und ignorieren kleinere, durch Steinmännchen markierte Pfade zur Rechten und zur Linken. Im Uhrzeigersinn gehen wir in weitem Bogen um einen Bergkegel herum und schwenken vor einer Höhle auf Nordwestkurs. Wenige Minuten später bietet sich ein interessanter Blick zurück auf den Krater Los Marteles; links schauen wir hinüber auf den Nordosten der Insel, unter uns liegt der Stausee Cuevas Blancas. Unser Weg setzt sich in Nordwestrichtung fort, passiert eine Finca zur Rechten und ist kurzzeitig von Zypressen gesäumt. Er endet an der Straßenkurve, die nach dem dort errichteten Wasserspeicher **Curva del Agua** (›Wasserkurve‹) benannt ist. Zuvor biegt links eine Piste ab, die am Vulkanberg La Calderilla vorbeiführt und rasch auf Südrichtung einlenkt. Wir ignorieren mehrere rechts abzweigende Wege, kommen durch einen Kiefernhain und passieren nach knapp 15 Minuten ein ummauertes Gehege zur Linken. Im Südwesten erblicken wir den kuppelförmig aufragenden Montañón (1783 m), von rechts erreicht uns nach 25 Minuten eine vom Pico de las Nieves kommende Erdstraße (vgl. Variante Tour 25). Wir durchschreiten die ›Ebene der Kühe‹ (Mesa de las Vacas) – freilich sind es heute vor allem Schafe, die hier weiden. Das Holzkreuz zur Rechten (**Cruz del Socorro**, 1660 m) markiert die Grenze zwischen den Gemeinden Valsequillo, San Bartolomé de Tirajana, Santa Lucía und Agüimes. Wir kommen an einer Campingzone vorbei und machen eine kurze Pause an der Degollada del Viento, einer Einsattelung am **Sepultura del Gigante** (1604 m). Hier

Die Felder auf dem Calderagrund liegen schon lange brach.

Der Weiler Taidía.

genießen wir eine weite Aussicht auf den Talkessel von San Bartolomé und über die schroffen Vulkanhänge bis Santa Lucía – davor die weißen, sich in den Fels schmiegenden Häuser der Weiler Taidía und Rosiana.
Die Piste endet an einem kleinen Plateau; ab hier folgen wir dem von Steinmauern angezeigten Camino Real, der uns in zahlreichen Serpentinen zeitweise steil bergabführt. Wir passieren den Felszug Rompecerones und erfrischen uns an einer Quelle oberhalb des Weges. Sobald wir zur Rechten den Risco Blanco erblicken, liegt der schwierigste Teil des Abstiegs hinter uns. Der ›Weiße Fels‹ ist ein gewaltiger, 400 m hoher, hell aufleuchtender Fels in der verwitterten Nordostwand der Caldera. Sein schmales Säulenrelief erinnert an ein Orgelwerk, der fast vertikale Abhang ist mit uralten Kiefern gespickt.
Der nun wieder von Seitenmauern flankierte Weg verläuft zwischen Terrassenfeldern, die schon seit längerer Zeit nicht mehr bewirtschaftet werden und erreicht **Taidía**, ein malerisches Dorf inmitten von Palmen- und Olivenbäumen. Wir queren eine Straße, halten uns dann links und stoßen nach wenigen Minuten auf eine weitere Asphaltpiste. Dieser folgen wir etwa 100 m westwärts und biegen links in einen von Bambusrohr gesäumten Weg (von Einheimischen ›Fiallo‹ genannt) ein. Er führt vorbei an Getreidefeldern, Gehöften und Gehegen und ist an Kreuzungen von kleinen Steinmauern flankiert. In weiten Kehren schwingt er sich hinab nach **Santa Lucía**, passiert das Holzkreuz ›Cruz de Madrid‹ und endet am Platz vor der Gemeindekirche.

28 Von Tejeda nach El Carrizal

Zur Felsenfestung des Bentaiga und durch die zauberhafte Chorrillo-Schlucht

Tejeda – Cruz de Timagada – Casas de la Umbría – El Espinillo – El Chorrillo – El Carrizal

Ausgangspunkt: Tankstelle am südlichen Ortsausgang von Tejeda, 1049 m (Haltestelle der Buslinien 18 und 305).

Endpunkt: Kirchplatz von El Carrizal, 750 m (keine Busverbindung).

Gehzeiten: Tejeda – Cruz de Timagada 1¼ Std., Cruz de Timagada – Casas de la Umbría 45 Min., Casas de la Umbría – El Espinillo 45 Min., El Espinillo – La Solana 30 Min., La Solana – El Chorrillo 15 Min., El Chorrillo – El Carrizal 1 Std.; Gesamtzeit 4½ Std. (14,3 km).

Höhenunterschied: 400 m im Aufstieg, 700 m im Abstieg.

Anforderungen: Mittelschwere, ab Cruz de Timagada zumeist abwärtsführende Wanderung.

Einkehr: In Tejedas Dulcería werden die leckersten Mandelsüßigkeiten der Insel hergestellt. Außer in Tejeda gibt es Bars in Casas de la Umbría, El Espinillo, La Solana und El Carrizal.

Unterkunft: Herberge, Hotel und Appartements in Tejeda.

Varianten: 1. Kurzwanderer wählen den Einstieg an den Casas de la Umbría, Gabelung an der Straße Tejeda – Ayacata bei Km 48 (Haltestelle der Buslinie 18). Wer nur zum Roque Bentaiga hinaufsteigen möchte, folgt der Ausschilderung bis zum Ende der Asphaltstraße. Von dort erreicht man in knapp 30 Minuten über Schotterpiste und steil ansteigenden Pfad den Felsgipfel.
2. Ab El Carrizal Anschlußwanderung mit Tour 29 zurück zur Straße Tejeda – Ayacata oder mit nachfolgender Beschreibung nach La Aldea de San Nicolás bzw. Acusa Verde: Das Tal von El Carrizal auf Piste umrunden, nach 5 Min. rechts einbiegen; eine spätere Abzweigung zur Linken (ins Siberio-Tal) wird ignoriert. Nach 3 km gelangt man zum Westausgang des Tunnels am Stausee Parralillo, von dort sind es auf einsamer Straße 12 km nach La Aldea de San Nicolás bzw. 6,4 km nach Acusa Verde (mit Anschluß an Tour 3).

Vorbei am kahlen Roque Bentaiga, einer prähispanischen Kultstätte mit Wohnhöhlen und Grabkammern, steigen wir über malerische Bergdörfer nach El Carrizal hinab. Schlanke Dattelpalmen mit mächtigen Kronen scha-

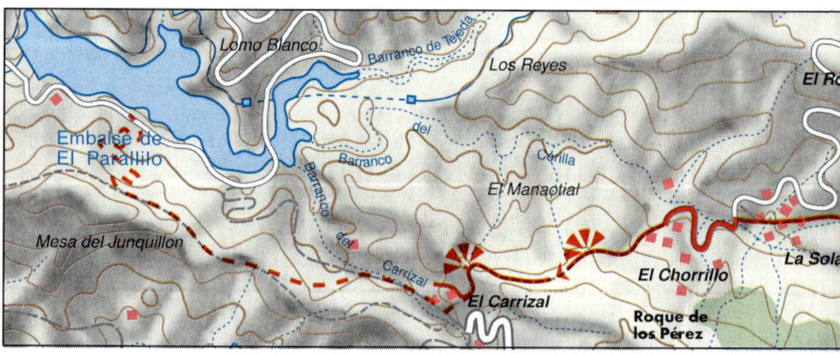

Zwischen Steilwänden verbirgt sich der Stausee Parralillo.

ren sich um die Häuser, vielfarbig leuchten die kleinen Gärten. Noch immer erinnert das Dorf mit seinen weißen, kubenförmigen Häusern und schmal gewundenen Gassen an jene traditionelle bäuerliche Welt, in der Fremde mit einer Mischung aus Neugier und Scheu gemustert werden.
Der erste Abschnitt dieser Wanderung von **Tejeda** ist identisch mit Tour 22: Auf der Straße nach Ayacata hinab bis Km 44.7, links in eine Piste einbiegen, nach 125 m einem rechts aufwärts führenden Camino Real folgen. An der

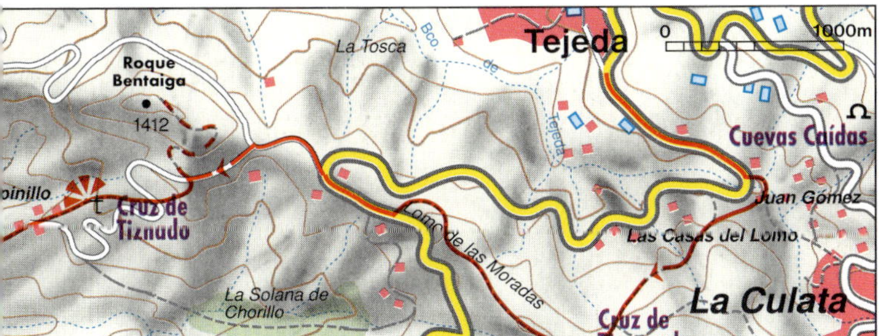

Gabelung nach 1,6 km halten wir uns rechts und kommen nach weiteren 400 m zu dem mit zwei Kreuzen geschmückten Plateau **Cruz de Timagada**. Von hier geht es weiter auf einem schmalen Pfad, der in nordwestlicher Richtung oberhalb der Straße C-811 verläuft. Der folgende Abschnitt ist von großem landschaftlichen Reiz. Das Felsgestein ist rötlich gefärbt, kontrastiert mit den blaßgrünen Tabaiba- und Agavenpflanzen. Wir schauen hinab auf die Täler von Tejeda und Chorrillo, vor uns sehen wir den Roque Bentaiga. Nach 20 Minuten ignorieren wir die zur Straße bei Km 49.1 hinablaufende Piste – erst nach weiteren 15 Minuten steigen wir zu dieser hinab (Km 48.4). Wir folgen der Straße nach rechts Richtung Tejeda und erreichen nach 5 Minuten die Häusergruppe **Casas de la Umbría**. Vor der scharfen Rechtskurve biegen wir links in eine Asphaltpiste ein und halten uns an der Gabelung nach 300 m (Cuevas del Huerto) links. Nach 400 m verlassen wir die zum Roque Bentaiga führende Straße auf einem links abzweigenden Erdweg, der anfangs von einer niedrigen Seitenmauer flankiert ist. Wir gehen 50 m hinab und folgen dann dem rechts abzweigenden schmalen Pfad, der nach 10 Minuten eine Asphaltstraße quert und nach weiteren 5 Minuten Peñon del Tiznado erreicht, ein kleines Holzkreuz auf der Spitze einer Felskuppe. Hier genießen wir den Blick auf die Weiler El Espinillo, La Solana und El Chorrillo, die wir im weiteren Verlauf der Wanderung kennenlernen werden. Nach 15minütigem Abstieg mündet der Weg in eine Asphaltstraße, der wir 200 m durch den Ort **El Espinillo** folgen. Der sich anschließende Camino Real führt uns entlang einer Ebene mit Bienenstöcken, an der nächsten Gabelung gehen wir rechts hinab. Vorbei an mehreren markanten Felsen setzt sich der Weg stark abschüssig zum Talgrund des Barranco del Chorrillo fort. Vor uns liegt La Solana, ein Weiler, dessen Häuser sich malerisch auf einem Bergrücken aneinanderschmiegen. Rund um das Dorf wachsen Obst- und Mandelbäume, Wasserspeicher bewahren das kostbare Naß. Wir queren den Barrancogrund und folgen dem leicht ansteigenden Pfad zum Dorfplatz von **La Solana** mit obligatorischer kleiner Kapelle. Die einzige Bar des Weilers befindet sich an der Südostecke des Platzes, sie ist leider nur am Wochenende geöffnet. Ihr gegenüber führt der Camino Real weiter bergab; er verengt sich zu einem schmalen Pfad, auf dem wir nach 5 Minuten eine Asphaltstraße erreichen. Wir halten uns links, überqueren eine Brücke und folgen der aufwärtsführenden Straße etwa 10 Minuten. Bei der Häusergruppe von **El Chorrillo** steigen wir links (auf gelbe Markierung achten!) 50 m über Stufen aufwärts und biegen dann rechts ein. Wir gehen – vorbei an einem schönen Landhaus – 120 m aufwärts, bevor sich der enge Camino Real zwischen zwei Häusern nach rechts fortsetzt. In zahlreichen Kehren schraubt er sich aufwärts zu einem Holzkreuz, flacht dann ab und führt vorbei an einer schattig-dunklen, von Farn umrankten Wasserhöhle. Zur Rechten blicken wir hinüber zur Hochebene von Acusa, darüber sehen wir den Berg Altavista – deutlich sichtbar auch die Häuser von Artenara. Einen besonders schönen

Die Weiler Espinillo, Solana und Chorrillo auf einen Blick.

Ausblick haben wir von der Kammschulter Lomo de la Cruz: Im Barrancogrund schimmert der Stausee Parralillo, im Südwesten erblicken wir bereits den Weiler **El Carrizal**, den wir 10 Minuten später erreichen. Vom Camino Real biegen wir links in eine Erdpiste, die nach 125 m auf eine Asphaltstraße stößt. Diese schlägt eine scharfe Rechtskurve ein und führt uns in wenigen Minuten zum Ortszentrum (mit Kirche und Bars).

29 Von El Carrizal zur Paßhöhe El Aserrador

Stimmungsvolle Wanderung durch einen abgeschiedenen Barranco

El Carrizal – El Toscón – Degollada del Aserrador

Ausgangspunkt: Kirchplatz von El Carrizal, 750 m (keine Busverbindung, Anmarsch möglich mit Tour 28).
Endpunkt: Degollada del Aserrador, 1330 m (Kreuzung an der Straße Tejeda – Ayacata bei Km 53.2, Haltestelle der Buslinie 18).
Gehzeiten: El Carrizal – El Toscón 1 Std., El Toscón – Degollada del Aserrador 1½ Std.; Gesamtzeit 2½ Std. (7 km).
Höhenunterschied: 630 m im Aufstieg, 50 m im Abstieg.
Anforderungen: Kurze, aufgrund der Steigung jedoch anstrengende Wanderung, größtenteils auf restauriertem Camino Real, zeitweise auf wenig befahrener Straße.
Einkehr: Bars in El Carrizal und Toscón de Arriba.
Variante: Anschlußwanderung zum Stausee Cueva de las Niñas mit Tour 30 oder zum Museo Mirador mit Tour 21.

Dank seiner abgeschiedenen Lage ist der Barranco von El Carrizal nur wenig bekannt. Quellwasser erschuf hier eine botanische Oase, in der Bambusrohr und Weide, Ginster und Lavendel gedeihen. Bis heute werden die Früchte der Erde auf Mauleseln transportiert, auf terrassierten Wiesen begegnet man Hirten mit ihren Ziegen. Nahe Toscón wechselt die Szenerie: Aus einer schattigen Schlucht, in die sich vereinzelte Gehöfte ducken, ragt der gewaltige Roque Palmés empor.
Von der Kirche in **El Carrizal** folgen wir der Asphaltstraße 200 m in südöstlicher Richtung. An einer scharfen Linkskurve biegen wir rechts in eine Piste ein, die wir nach 100 m auf einem links abzweigenden Camino Real verlassen. Unsere Wanderung führt jetzt durch eine romantische, dicht bewachsene Schlucht – mehrmals queren wir die Talsohle und erfrischen uns an kühlendem Quellwasser.

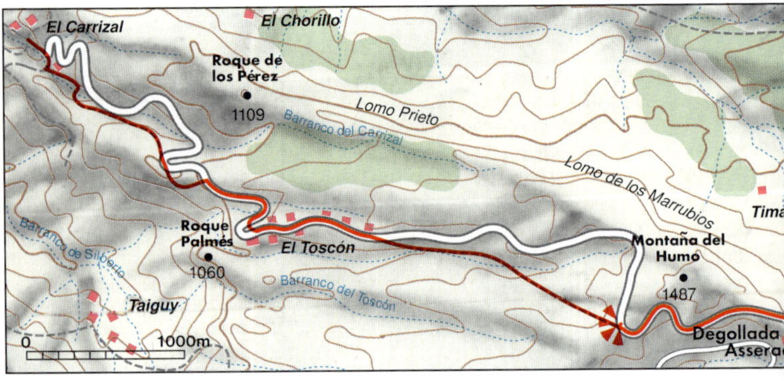

Aus ewig schattiger Schlucht erhebt sich der Roque Palmés.

Nach einer weiteren halben Stunde mündet der Weg in eine Straße, die nach 50 m scharf nach links einknickt. Dort gehen wir an einem einzelstehenden Mandelbaum aufwärts und folgen einem Trampelpfad nach links, der stets oberhalb der Straße verläuft und diese nach 250 m kurzzeitig berührt; hinter dem Holzkreuz biegt er abermals rechts ein und kürzt eine weite, aufwärtsführende Straßenschleife ab. Gut 5 Minuten bleiben wir auf Asphalt und genießen einen herrlichen Blick rechts hinüber auf den Roque Palmés, der festungsartig aus einer tief eingeschnittenen Schlucht emporragt. Hinter der nun folgenden ausgedehnten Rechtskurve achten wir auf einen alten Steinpfad, der links hinaufführt zum Ort **El Toscón** und dabei die Straße erheblich abkürzt. Oben angekommen, folgen wir der Straße 1 km in östlicher Richtung und verlassen sie an der Quelle La Fuente auf einem rechts abzweigenden, 2,1 km langen Camino Real. Er geleitet uns in den Barrancogrund und steigt danach auf der rechten Talseite wieder an. In eine Straße mit scharfer Linkskurve biegen wir rechts ein und gehen an der Südseite des Berges Humo entlang zur 1,4 km entfernten Straßenkreuzung am Berg **El Aserrador**.

30 Von der Paßhöhe El Aserrador zum Stausee Cueva de las Niñas

Höhenbummel zur Seenlandschaft des Zentrums

Degollada del Aserrador – Cruz de la Huesita – Casa de la Data – Presa de la Cueva de las Niñas – Cruz de San Antonio

Ausgangspunkt: Degollada del Aserrador, 1330 m (Kreuzung am gleichnamigen Berg an der Straße Tejeda – Ayacata bei Km 53.2, Haltestelle der Buslinie 18, Anmarsch möglich mit Tour 21 und 29).

Endpunkt: Cruz de San Antonio, 970 m (Pistenkreuzung an der Straße Ayacata – Mogán bei Km 69, keine Busverbindung, nächste Haltestelle der Linie 38 bei Pie de la Cuesta an der Straße Mogán – La Aldea de San Nicolás).

Gehzeiten: Degollada del Aserrador – Cruz de la Huesita 2 Std., Cruz de la Huesita – Casa de la Data 45 Min., Casa de la Data – Cruce de pistas 40 Min., Cruce de pistas – Cruz de San Antonio 20 Min.; Gesamtzeit 3¾ Std. (11,7 km).

Höhenunterschied: 240 m im Aufstieg, 600 m im Abstieg.

Anforderungen: Wanderung auf bequemen, gut ausgebauten Wegen, aufgrund des häufigen Auf und Ab jedoch teilweise anstrengend.

Unterkunft: Zelten möglich am Stausee Cueva de las Niñas.

Varianten: 1. Vom Cruz de la Huesita Abkürzungsmöglichkeit auf Piste, die bei Km 67.5 der Straße Ayacata – Mogán wieder auf den beschriebenen Wanderweg trifft (ca. 20 Min. Zeitersparnis).

2. Vom Cruz de la Huesita könnte man auch in nördlicher Richtung zur 2,9 km entfernten Ortschaft El Juncal hinüberwandern. Interessanter jedoch ist die in Richtung Westen führende Piste zum ›Hexenpaß‹, der Degollada de las Brujas: Autofahrern ist die Benutzung durch eine Kette 50 m hinter der Kreuzung versperrt. Die Piste passiert den Nordhang des 1450 m hohen Morro de la Negra (ein Pfad, der 100 m hinter der Kette startet, führt alternativ über den Südhang), schraubt sich nach knapp 1 Std. in mehreren Kehren bergauf und umgeht den Sándara (1570 m) im Halbkreis. Ab dem Paß Paso del Palo geht es 15 Min. in Serpentinen abwärts, danach entlang einer schier endlosen Bergkette zur Degollada de las Brujas. Dort hat man Anschluß an Tour 31: Links zur Kreuzung Cruz de San Antonio, rechts zum Viso und nach La Aldea de San Nicolás (Cruz de la Huesita – Degollada de las Brujas 3½ Std., 12,7 km).

3. Kombinationsmöglichkeit mit Tour 34 (ab Casa de la Data).

4. Anschlußwanderung nach Mogán mit Tour 32.

Ende Januar erblühen auf Gran Canaria die Mandelbäume.

Erster Blick auf den Stausee.

Lange Zeit wandern wir dicht am Kamm entlang, genießen Ausblicke auf zwei unterschiedliche Landschaften: die sanftgewellten Hänge des Kiefernschutzgebietes im Südwesten und die tiefeingeschnittenen Schluchten des Zentrums. Später leuchtet uns der Stausee Cueva de las Niñas entgegen, Weißkopfmöwen kreisen über seiner spiegelglatten Oberfläche.
An der Kreuzung am Berg **El Aserrador** (auf einigen Karten auch als ›Cruz de Carpio‹ vermerkt) biegen wir in die abschüssige, südlich nach El Juncal abzweigende Straße ein. Nach ca. 600 m entdecken wir zur Linken eine Höhlenquelle, rechts davon folgen wir einem anfangs steingepflasterten Weg den Hang hinauf. Wir passieren verlassene Felder, die zunehmend von Buschwerk überwuchert werden. Nach insgesamt 15 Minuten erreichen wir die Paßhöhe Chimirique. Fortan verläuft der Weg in stetigem Auf und Ab am Kamm entlang, wobei er mehrmals die Bergseite wechselt: Rechts sehen wir das Bergdorf El Juncal mit seinen Terrassenfeldern, links ein weiter Barranco, in dem tief unten die Straße von Ayacata nach Mogán aufscheint. Nach 1½ Std. schwenkt der Weg an einer Kammschulter auf Nordwest – zwischen Kiefernzweigen schimmert der smaragdfarbene Stausee Cueva de las Niñas hervor und präsentiert sich uns erstmals in seiner ganzen Breite und Pracht. In großem Bogen gehen wir an der Südflanke des Morro de Pajonales (1434 m) entlang. Der Weg verläuft leicht abschüssig durch dichten Kiefernwald, Blaufink, Specht und Kanarienvogel begleiten uns. Über einen Bergrücken erreichen wir die Wege- und Pistenkreuzung **Cruz de la Huesita**.

Eine bequeme, von El Juncal kommende Piste führt südwärts zum Stausee hinab. Wer romantische Wege bevorzugt, folgt dem steingepflasterten Weg, der die Piste links sogleich wieder über Stufen verläßt, durch dichten Kiefernwald abwärtsführt und dabei eine Reihe kleinerer Barrancos kreuzt. Nach 20 Minuten steigt er am Hang des Treo kurzzeitig an, um an der Westseite des Berges wieder mit Blick auf den Stausee Cueva de las Niñas hinabzuführen. Der bald von Seitenmauern flankierte Saumpfad setzt sich in südlicher, später südöstlicher Richtung fort und mündet in die Straße C-811 Ayacata – Mogán bei Km 64.7. An der Kreuzung **Cruce de la Data** folgen wir der Straße in Richtung Mogán und passieren einen großen Picknickplatz zur Linken direkt am **Presa de la Cueva de las Niñas**, der mit 5,2 Millionen Kubikmetern Fassungsvermögen der größte Stausee der Insel ist. Bei Km 67.5 gelangen wir zu einer Kreuzung, wo sich unser Weg wieder mit der am Cruz de la Huesita verlassenen Piste vereint. Bei Km 69 erreichen wir **Cruz de San Antonio**, einen Knotenpunkt von Wanderwegen: In nordwestlicher Richtung führt eine Forstpiste in den Naturschutzpark Inagua-Pajonales, 370 m südlich zweigt ein Camino Real in Richtung Mogán ab.

Am Gehöft Casa de la Data tummeln sich Schafe und Ziegen.

31 Von La Aldea de San Nicolás zum Stausee Cueva de las Niñas

Tagestour durch die Kiefernwälder des Naturschutzgebiets Inagua-Pajonales

Degollada de la Aldea – Viso – Aula de la Naturaleza – Cruz de San Antonio

Am Rand des Inagua.

Talort: La Aldea de San Nicolás, 64 m (Endhaltestelle der Buslinien 38 und 101).

Ausgangspunkt: Degollada de la Aldea, 642 m (8 km südlich des Talortes an der Straße nach Mogán, Haltestelle der Buslinie 38).

Endpunkt: Cruz de San Antonio, 970 m (Pistenkreuzung an der Straße Ayacata – Mogán bei Km 69, keine Busverbindung, nächste Haltestelle der Linie 38 bei Pie de la Cuesta an der Straße Mogán – La Aldea de San Nicolás).

Gehzeiten: Degollada de la Aldea – Viso 1½ Std., Viso – Degollada de las Brujas 1½ Std., Degollada de las Brujas – Aula de la Naturaleza 30 Min., Aula de la Naturaleza – Cruz de San Antonio 2¼ Std.; Gesamtzeit 5¾ Std. (22 km)

Höhenunterschied: 630 m im Aufstieg, 300 m im Abstieg.

Anforderungen: Mittelschwerer Aufstieg zur Ebene unterhalb des Viso (Schwindelfreiheit erforderlich!), danach leichte, aber lange Wanderung auf Forstpiste.

Einkehr: Imbißstand an der Degollada de la Aldea.

Unterkunft: Privatzimmer, Pensionen und ein einfaches Hotel in La Aldea de San Nicolás; Zelten ist möglich am Stausee Cueva de las Niñas.

Varianten: 1. Umrundung des Inagua mit anschließender Rückkehr zur Degollada de la Aldea: Nach 1¼ Std. zweigt auf der Ebene El Laurelillo ein Pfad in Südrichtung ab. Er führt in ca. 1100 m Höhe rechts am Berg Inagua (1426 m) vorbei und eröffnet spektakuläre Ausblicke auf die Barrancos von Tasartico, Tasarte und Veneguera; die Felswände fallen bis zu 600 m zu der unter uns liegenden Autostraße hin ab. Nach 1¼ Std. erreicht man den Fels El Castillete (1163 m, mit Antennenstation), wo man links abbiegt. Zwei Wege stehen zur Wahl: Auf dem ostwärts sich fortsetzenden Weg gelangt man zur Piste 300 m oberhalb des Naturkundehauses; etwas kürzer wird die Rundtour, wenn man auf dem nordwärts führenden Weg in 20 Min. direkt zur Pistenkreuzung an der Degollada de las Brujas läuft. Dort folgt man der Piste nach links und verläßt sie nach gut 15 Min. auf einem Pfad, der vor einem Wasserspeicher in der Nähe des Talgrunds links abzweigt und den Inagua an seiner Nordseite umgeht. Nach 50 Min. stößt man auf eine Gabelung und hält sich rechts. Dieser Weg ist bereits vom Hinweg her vertraut. Für den Abstieg zur Degollada de la Aldea ist eine weitere Stunde einzuplanen (Gesamtzeit: Degollada de la Aldea – Umrundung des Inagua – Degollada de las Brujas – Degollada de la Aldea 5 Std., 14 km).

2. Anschlußwanderung von Cruz de San Antonio nach Mogán mit Tour 32.

Das Naturschutzgebiet Inagua – Pajonales umfaßt kiefernbestandene Hänge und weitläufige Schluchten. Kein Motorengeräusch stört den Wanderer, die Stille wird einzig von aufflatternden Rebhühnern und emsigen Spechten unterbrochen. Stundenlang kann man sich hier auf Forstpisten und bequemen Wegen treiben lassen, ohne einem Menschen zu begegnen. Unsere erste Station ist der knapp 1000 m hohe Gipfel des Viso: von ihm steigt das felsige Massiv beharrlich an zum südlich gelegenen, über 400 m höheren Inagua. Zielpunkt ist der Stausee Cueva de las Niñas, der seltenen Wasservögeln als Nistplatz dient.
Der Weg startet an der **Degollada de la Aldea** bei der Richtung La Aldea postierten Bushaltestelle und steigt den Hang rechtsseitig hinauf. Anfangs liegt die nach Mogán führende Straße unter uns, doch bereits nach wenigen Minuten erreichen wir ein Plateau, an dem der Pfad auf die linke Hangseite überwechselt und den Blick auf die Straße nach La Aldea freigibt. Nach 15 Minuten kommen wir zu einer Gabelung und halten uns links, stets unterhalb der senkrecht aufragenden Felswand bleibend. Nach weiteren 20 Minuten verliert sich der Weg kurzzeitig auf Felsplatten – hier orientiere man sich an der oberen Felswand, wo er sich deutlich sichtbar fortsetzt. Er schwenkt nach rechts, steigt über einen kiefernbestandenen Hang steil an und geleitet uns hinauf zur Ebene **El Laurelillo**. Hier stoßen wir auf eine Piste, die gen Norden auf den Viso zuläuft, dann eine scharfe Kurve beschreibt und den Gipfel rechts liegen läßt. An besagter Kurve startet ein Trampelpfad, der auf dem Kamm entlangläuft und den weiß markierten Gipfel des **Viso** in 10 Minuten erreicht. Auch hier ergibt sich wieder ein überwältigender Blick: Von links nach rechts sehen wir das Gebirgsmassiv von Tasarte, die Ortschaft La Aldea mit zugehörigem Hafen und den Unterlauf des auf Tejeda zulaufenden, zerklüfteten Canyons.
Wir kehren zur Piste zurück, folgen dieser in südlicher Richtung und passieren nach 5 Minuten eine Hausruine zur Linken. 20 Minuten später ignorieren wir einen breiten, rechts abzweigenden Weg. Unsere Piste buchtet nun nordwärts aus, an einem verlassenen Gehöft ignorieren wir die links abzweigende Piste (über sie kann man in den Barranco de Pino Gordo und die Aldea-Schlucht hinabsteigen). Unser Weg setzt sich durch lichten Kiefernwald fort; nach vielen Kehren erreichen wir eine wichtige Pistenkreuzung: An der **Degollada de las Brujas** (Hexenpaß) zweigt links eine 12,7 km lange Piste zur Kreuzung Cruz de la Huesita ab (vgl. Tour 30), rechts führt ein Weg zu den Gipfeln von Hornos und Inagua sowie zur Antennenstation El Castillete hinauf (vgl. Variante). Wir gehen auf der Piste südwärts weiter und erreichen nach 30 Minuten das Naturkundehaus **Aula de la Naturaleza**, wo wir unsere leeren Flaschen mit Trinkwasser auffüllen können. Im weiteren Verlauf geleitet uns die Piste in weitläufigen Kehren gemächlich hinab. Nach 45 Minuten passieren wir ein großes kahles Felsplateau, das an einen Kultplatz erinnert. An seinem abrupt abstürzenden Westrand können wir tief

Los Azulejos – regenbogengefärbtes Gestein.

hinabschauen auf die unter uns liegenden Barrancos und die Einsattelung von Veneguera. Wir kehren zur Piste zurück und gelangen in weiteren 20 Minuten – nach einer Reihe langgezogener Kehren – zu einer Quelle mit Picknickplatz. Mit etwas Glück kann man hier den grüngrau gefiederten Kanarienvogel und den bläulichen Kanaren-Buchfink entdecken, häufiger sieht man Buntspecht und Rotkehlchen. Steinmännchen zur Rechten markieren den Beginn eines Weges, der zum Stausee Mulato hinabführt – wir bleiben auf der Piste, steigen noch einmal leicht aufwärts und erreichen nach insgesamt 5¾ Std. die Sperrkette vor dem Zielpunkt unserer Wanderung, der Pistenkreuzung am **Cruz de San Antonio**.

32 Vom Stausee Cueva de las Niñas nach Mogán

Über einen altkanarischen Kultberg zur ›Ebene des Turmfalken‹: eine vielfältige Tour mit beständigem Fernblick

Cruz de San Antonio – Degollada de Tauro – Paso de los Laderones – Mogán

Ausgangspunkt: Cruz de San Antonio, 970 m (Pistenkreuzung an der Straße Ayacata – Mogán bei Km 69, keine Busverbindung, Anmarsch möglich mit Tour 30 und 31).
Endpunkt: Mogán, 250 m (Haltestelle der Buslinien 38 und 84).
Gehzeiten: Cruz de San Antonio – Degollada de Tauro 1 Std., Degollada de Tauro – Montaña Tauro 45 Min., Montaña Tauro – Paso de los Laderones 1¼ Std., Paso de los Laderones – Mogán 1 Std.; Gesamtzeit 4 Std. (13,7 km)
Höhenunterschied: 1040 m im Abstieg, 320 m im Aufstieg.
Anforderungen: Mittelschwere Wanderung, anstrengend ist vor allem die letzte Etappe, der Abstieg vom Berg Laderones zur Ortschaft Mogán.
Einkehr und Unterkunft: Bars und Restaurants, Zimmer und Appartements in Mogán sowie vor allem im 8 km entfernten Puerto de Mogán; Zelten ist möglich am Stausee Cueva de las Niñas.
Varianten: 1. Von der Degollada de las Lapas startet links ein Pfad in südwärtiger Richtung. Er führt am Kamm des Morro de los Majanos entlang, der die Täler Tauro und Taurito voneinander trennt, und geht in eine Piste über, die über die Hänge der Llanos de Gamona hinableitet. Weiter südlich bildet sich rechts ein neues Tal heraus: der Barranco del Cura. Nach 6 km mündet die Piste in eine Straße, die die verschiedenen Anlagen des Campingplatzes Tauro verbindet. Links gelangt man in 500 m zum abgeschiedenen Anexo II, rechts in 1,5 km zur Hauptanlage am Strand (Degollada de las Lapas – Campo Tauro 10 km, 3¼ Std.).
2. Wem der Abstieg nach Mogán zu steil erscheint, wählt einen Trampelpfad, der am ovalen Steinplateau unterhalb des Paso de los Laderones in südlicher Richtung abzweigt. Nach 1½ Std. erreicht man den Weiler El Cercado an der Straße Mogán (5 km) – Puerto de Mogán (4 km).

Auf dem 1214 m hohen Tauro huldigten einst die Altkanarier ihrem Gott Alcorán. Der Berg hat die Form einer geköpften Pyramide, die sich einer Festung gleich aus dem umliegenden Gebirgsmassiv erhebt. Von seiner Plattform überblicken wir den weiteren Verlauf unserer Wanderung: Auf einer weiten Ebene spazieren wir südwestwärts, schauen über Bergkämme und Schluchten zur Küste hinab. Im Frühjahr ist das gesamte Gebiet in ein Meer von Farben getaucht: dann erblühen violette Lavendelbüsche, gelber Ginster und weiß aufleuchtende Natternköpfe. Spektakulär ist auch der Schlußteil der Wanderung: An einer von Höhlen durchlöcherten Steilwand steigen wir über einen schwindelerregenden Pfad in den Barranco von Mogán hinab.
Wir folgen der Straße nach Mogán 400 m über die Kreuzung am **Cruz de San Antonio** (Km 69) hinaus, bevor wir links einbiegen in eine Piste. Nach ca. 650 m hindert eine Kette Autofahrer an der Weiterfahrt. Nach weiteren 650 m startet zur Rechten ein deutlich markierter Weg in südwestlicher

Degollada de Venguera
Fuente de los Azulejos
Cruz de San Antonio
Casas de Cogolla
Roque Pernal
Embalse de El Mulato
Montaña Chorro de la Butta
Llano de los Pinos
Morro de las Marreras
Las Casas de Veneguera
Los Alares
Paso de Ojeda
Degollada de Tauro
Fuente de los Secos
Casas de La Huerta Nueva
Montaña Vista de Soria
907
Lomos de las Goteras
Lomo de Veneguera
El Pie de la Cuesta
Casas de la Vistilla
El Barranquillo Andrés
Montaña de Tauro
La Fortaleza
Cruz de Mogán
548
Degollada de la Lapa
Roque de la Abejarilla
Andenes de la Hoya Almacego
Casas El Sao
Degollada de las Lapas
Morro del Verol
548
Mogán
Hoya del Cura
Molino del Viento
982
Guirre
Morro de los Majanos
903
Las Casillas
Laderones
748
Degollada de Cortadores
Los Navartos
Llanos del Guirre
Llanos de Gamona
Lomo Cortal de Alonso
Punta de los Gavilanes
Los Navarros
Fuentes del Taurito
El Hornillo
Casas de Tauro Alto
El Palmita
El Rincón del Taurito
Presa del Embudo
Hoya del Salitre
Montaña de Las Lajas de Medina
Lomo de Tauro Alto
El Cercado
Puerto de Mogán
Morro del Pinillo
Cuartena
Playa del Tauro
0
1000m

Richtung. Er verläuft parallel zum Barrancobett, vorbei an kargen Weideflächen. Wir queren den Talgrund und finden uns kurz darauf in einer eigenartigen Landschaft wieder: Astern- und Wolfsmilchgewächse wachsen auf felsigem Grund und rahmen die Höhlen **Cuevas de Majada Alta** ein, in denen vor der Conquista Altkanarier lebten. Der Weg führt östlich an den Höhlen vorbei und schlängelt sich entlang verlassener Felder. Bald darauf gleitet er leicht abschüssig zum kleinen Stausee Salto del Perro (Hundesprung) hinab und führt dann auf einer Piste zur **Degollada de Tauro** hinauf: Die Einsattelung befindet sich an der neuen Asphaltstraße, die die C-811 Ayacata – Mogán mit der Ortschaft El Barranquillo Andrés im Tal von Soria verbindet. Wir folgen der Straße 100 m nach links und zweigen dann rechts auf den Camino Real zum Berg Tauro ab. Er führt uns an Ginster- und Lavendelbüschen vorbei und erlaubt Ausblicke auf das Mogán-Tal und den Kamm des Gebirgsmassivs Ojeda-Inagua. Bald wird der Weg steiler, weit ausladende Kiefernbäume spenden wohltuenden Schatten. Kurz bevor wir den höchsten Punkt der Wanderung erreichen, zweigt zur Linken ein Weg ab, der sich zum Berg Montaña de Tauro emporschlängelt.
Der Hauptweg führt weiter Richtung Südwest und erreicht in 5 Minuten den Sattel **Degollada de la Laja**. Vom Hügel 100 m zur Rechten schauen wir hinab in die Täler von Mogán und Veneguera, vielfarbig schimmern die

Aufstieg zum Berg Montaña de Tauro.

Die Steilwand des Paso de los Laderones.

Felsen unterhalb des Inagua. Wir kehren zum Hauptweg zurück und folgen diesem sanft abwärts – im Südosten scheinen kurzzeitig die Dünen von Maspalomas auf. Nach 30 Minuten erreichen wir die Einsenkung **Degollada de las Lapas** (977 m) nahe einem verfallenen Haus. Zur Linken sehen wir den tief eingeschnittenen Barranco von Tauro, noch weiter östlich die Schlucht von Arguineguín. Kurz darauf schwenkt der Weg auf den Bergkamm und eröffnet Ausblicke auf das Tal von Mogán und Veneguera. Nach weiteren 25 Minuten passieren wir eine Hausruine zur Linken. Der Weg führt nun im Halbkreis um den 932 m hohen Guirre herum. Bald ist der Blick nach rechts wieder frei, direkt unter uns sehen wir die von Mogán zur Küste verlaufende Straße. Nach 20 Minuten erreicht der leicht abschüssige Weg den Felssattel **Paso de los Laderones** (710 m) und schwenkt dort westwärts ein. Nach 200 m kommen wir zu einem ovalen Steinplateau, wo wir rechts entlang einer gewaltigen Steilwand in vielen Serpentinen abwärtssteigen. Nach wenigen Minuten entdecken wir zur Rechten eine große Höhle, in der mehr als 10 Personen übernachten könnten. Stechginsterbüsche und Wolfsmilchgewächse begleiten uns zum Talgrund hinab. Dort stoßen wir auf eine Piste, die uns rechts, vorbei an einer Papaya- und Mangoplantage, zur Straße C-810 bringt. Links befinden sich das runde Gebäude einer Windmühle und eine Bushaltestelle, rechts gelangen wir in etwa 10 Minuten zum Ortszentrum von **Mogán**.

33 Zum Strand von Güi Güí

Wunderbar einsamer Strand – versteckt zwischen zerklüfteten Gebirgskämmen

Tasartico – Degollada de Aguas Sabinas – Playa de Güi Güí Grande

Ausgangspunkt: Tasartico, 235 m (an der Straße von der Degollada de la Aldea zur Playa de Asno, nächste Haltestelle der Buslinie 38 an der 8 km entfernten Degollada de la Aldea).

Endpunkt: Playa de Güi Güí Grande, 0 m (keine Busverbindung).

Gehzeiten: Tasartico – Degollada de Aguas Sabinas 45 Min., Degollada de Aguas Sabinas – Playa de Güi Güí Grande 1½ Std., Playa de Güi Güí Grande – Playa de Güi Güí Chico 15 Min.; Gesamtzeit 2½ Std. (7,6 km).

Höhenunterschied: 385 m im Aufstieg, 720 m im Abstieg.

Anforderungen: Aufgrund des Höhenunterschieds anstrengende Wanderung auf steil angelegtem Weg; da es kaum Schatten gibt, sollte man bereits am frühen Morgen starten und ausreichend Flüssigkeit mitnehmen.

Einkehr und Unterkunft: Bar in Tasartico, Wasser erhält man notfalls auf der Finca von Señor Antonio nahe dem Zielort; Zeltmöglichkeit seitlich des Barrancobetts.

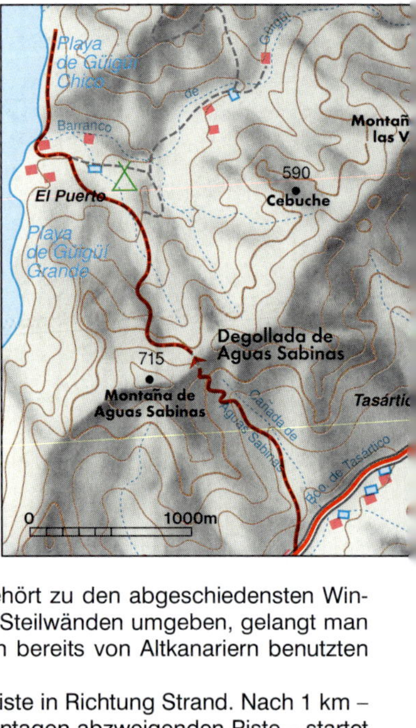

Das Naturschutzgebiet von Güi Güí gehört zu den abgeschiedensten Winkeln der Insel. Von fast 1000 m hohen Steilwänden umgeben, gelangt man zum Strand nur per Boot oder auf den bereits von Altkanariern benutzten Pfaden.

Von **Tasartico** folgen wir der Schotterpiste in Richtung Strand. Nach 1 km – knapp hinter einer links zu Tomatenplantagen abzweigenden Piste – startet rechts ein durch Steinmännchen gekennzeichneter Weg in Richtung Telefonmast. Der Pfad umrundet einige Felsnasen, bevor er uns in das Trockenbett Aguas Sabinas geleitet. Fortan haben wir das erste Etappenziel beständig vor Augen: eine deutlich eingeschnittene Einsattelung zwischen zwei Felszacken, zur Rechten der Cebuche (786 m), zur Linken der Aguas Sabinas (725 m). Nach 20 Minuten queren wir das Talbett auf die linke Hangseite. Der Aufstieg wird steiler, das Tal zunehmend enger. Nach weiteren 25 Minuten erreichen wir die Einsattelung der **Degollada de Aguas Sabinas** (547 m) und genießen eine atemberaubende Aussicht auf das Meer und das zerklüftete Bergmassiv von Güi Güí. Etwa 10 Minuten bleiben wir höhehaltend auf einem Panoramaweg, bevor sich der Pfad in zahlreichen Serpentinen hinabschraubt. Nach weiteren 35 Minuten queren wir die Talsohle, bleiben fortan auf der rechten Hangseite und kehren nur an einer Stelle für 60 m zum Talgrund zurück. Kurz darauf erblicken wir die malerisch gelegene Finca von Señor Antonio, an der wir rechts vorbeigehen. Er hat ein Schild mit der Aufschrift ›Beach‹ angebracht, damit das von Hunden bewachte Haus in ausreichender Entfernung umgangen werden kann. Von hier sind es noch knapp 700 m bis zum Strand: Der Weg führt links am Talgrund entlang, überquert ihn und geleitet uns – vorbei am Haus von Señor Lucky – direkt zum Strand **Güi Güí Grande**. Dieser befindet sich unterhalb einer Steilküste und ist ca. 200 m lang. Im Winter ist der helle Sand oft abgetragen, der Strand mit großen Kieselsteinen bedeckt. Im Sommer spült das Meer wieder Sand heran – bei Ebbe kann man dann problemlos zum nördlich gelegenen Strand **Güi Güí Chico** hinüberwaten.

Aufstieg zur Paßhöhe Aguas Sabinas.

34 Entlang der großen Stauseen: Von Casa de la Data nach Cercados de Araña

Eindrucksvolle Tour durch das Bergland des Südwestens

Casa de la Data – Soria – Cercados de Araña

Ausgangspunkt: Casa de la Data, 960 m (Finca an der Straße Ayacata – Mogán bei Km 64.7, keine Busverbindung, Anmarsch möglich mit Tour 30).
Endpunkt: Cercados de Araña, 903 m (am Chira-Stausee, keine Busverbindung).
Gehzeiten: Casa de la Data – Soria 1¼ Std., Soria – Cercados de Araña 2¼ Std.; Gesamtzeit 3½ Std. (9,2 km).
Höhenunterschied: 380 m im Abstieg, 320 m im Aufstieg.
Anforderungen: Bequeme Wanderung auf restauriertem Camino Real und Piste; anstrengend ist nur der Aufstieg von Soria bis La Palma.
Einkehr: Bars in Soria und Cercados de Araña.
Unterkunft: Zelten möglich an den Stausee Cueva de las Niñas und Chira.
Varianten: Wer die Wanderung in Mogán starten will, folgt Tour 32 in umgekehrter Richtung bis zur Degollada de Tauro, zweigt dort rechts ab und erreicht nach 5,6 km den Stausee Soria via El Barranquillo Andrés. Anschlußwanderung von Cercados de Araña nach San Bartolomé mit Tour 35.

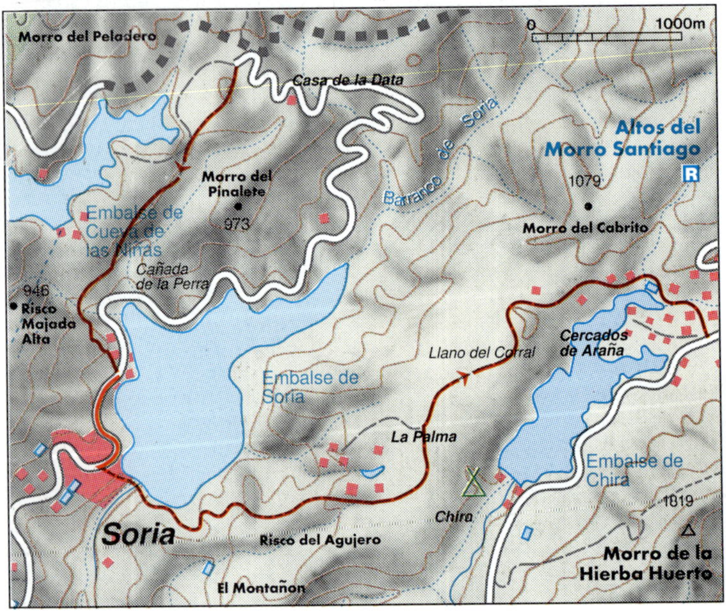

Cueva de las Niñas, Soria und Chira: dies sind nicht nur die größten, sondern auch die schönsten Stauseen der Insel: Der Niñas-See ist von alten Kiefern gesäumt, der Soria-See liegt inmitten einer Palmenoase. Ab Soria führt der Weg durch eine wahrhaft dramatische Landschaft – versprengte Steinblöcke wirken wie durch eine Laune der Natur hingeworfen, verwitterte Felswände erinnern an zerfurchte Gesichter.

An der Kreuzung oberhalb der Finca **Casa de la Data** biegen wir in die Richtung Süden aufwärtsführende Piste ein. Vor einer ausgeprägten Linkskurve nach knapp 200 m verlassen wir diese und folgen einem von Seitenmauern flankierten Weg, der uns rechts in 10 Minuten an den Nordostrand des Stausees **Cueva de las Niñas** heranführt. Hier mündet unser Weg in eine Asphaltpiste, die wir nach 250 m wieder links verlassen. Der Camino führt zu einem Bergrücken empor, anschließend geleitet er uns in teilweise steingepflasterten Serpentinen über den Westhang der schönen Cañada de la Perra hinab. Unterhalb des Felsens Piedra del Camello passieren wir größere, guterhaltene Höhlen; vor uns breitet sich majestätisch der Soria-Stausee aus. Am Nordostufer eine Palmenoase, die in reizvollem Kontrast steht zu den kargen Hängen der Barrancos. Zwischen Agaven und Feigenbäumen führt uns der Weg zu einem Felsplateau unterhalb eines Steilhangs mit Wasserfall und kleinen Tümpeln, ein idealer Platz für ein Picknick. Wir überqueren das Plateau und setzen unseren Weg zwischen Tabaiba- und Wolfsmilchgewächsen fort. Nach 300 m stoßen wir auf eine Piste und folgen dieser links zur Straße hinab, in die wir rechts einbiegen. Zwischen blumenumrankten Häusern geleitet sie uns in 15 Minuten zum Dorfzentrum von **Soria**. Zur Rechten sehen wir die Bäckerei Macías, wo das Brot noch in einem altertümlichen, mit duftendem Mandelholz befeuerten Ofen gebacken wird. Kurz darauf erreichen wir die Bar Casa Fernando, wo wir uns für den Weitermarsch stärken.

Eine Schotterpiste führt von hier direkt zur Staumauer hinab. Wir überqueren diese und folgen einem anfangs mäßig, dann stärker ansteigenden Weg die Amácigo-Schlucht aufwärts. Nach 20 Minuten schwenkt der Weg nach links und schraubt sich in unablässigen Kehren den Hang hinauf – Mandelbäume spenden nur dürftigen Schatten. Je höher wir steigen, desto schöner sind die Ausblicke auf den links unter uns liegenden Soria-See. Wir passieren einen Felsdurchbruch, klettern hinauf zum Bergrücken La Palma und stoßen dort auf eine Piste, der wir links hinabfolgen in den Weiler **La Palma**. Bis Cercados de Araña sind keine großen Höhenunterschiede mehr zu bewältigen. Wir bleiben in der Folgezeit auf der Piste, zur Rechten leuchtet der Stausee Chira auf. An einigen Stellen nutzen wir die Möglichkeit, von der Piste abzuweichen und auf dem Weg weiterzugehen. Dieser mündet stets wieder in die Piste, die in großem Bogen um die Nordseite des Sees herumführt. Unser Ziel ist das Dorfzentrum von **Cercados de Araña**, hier ist die Piste asphaltiert.

35 Von Cercados de Araña nach San Bartolomé de Tirajana

Bequeme Kamm- und Talwanderung

Cercados de Araña – Degollada del Dinero – Cruz Grande – San Bartolomé de Tirajana

Ausgangspunkt: Cercados de Araña, 903 m (am Chira-Stausee, keine Busverbindung, Anmarsch möglich mit Tour 34).
Endpunkt: San Bartolomé de Tirajana, 887 m (Haltestelle der Buslinie 18).
Gehzeiten: Cercados de Araña – Staumauer 30 Min., Staumauer – Einstieg Camino Real 30 Min., Einstieg Camino Real – Degollada del Dinero 1¾ Std., Degollada del Dinero – Degollada de la Cruz Grande 25 Min., Degollada de la Cruz Grande – San Bartolomé 1 Std.; Gesamtzeit 4¼ Std. (13,5 km).
Höhenunterschied: 400 m im Aufstieg, 415 m im Abstieg.
Anforderungen: Leichte Wanderung erst auf wenig befahrener Straße, dann auf Piste und restauriertem Camino Real.
Einkehr: Bars in Cercados de Araña, Bars und Restaurants in San Bartolomé.
Unterkunft: Pension in San Bartolomé; Zelten ist möglich am Stausee von Chira und am Secadero de Cruz Grande.
Variante: Wer zum Aussichtspunkt an der Degollada de la Manzanilla gehen will, hält sich an der Degollada del Dinero rechts und an der anschließenden Pistengabelung links. Der Weg führt im Halbkreis um den Morro de la Cruz Grande und windet sich später am Westhang des Morro de las Vacas entlang (1¼ Std., 5,2 km, an der Degollada Anschluß an Tour 36).

Cercados de Araña.

Forsthaus am Cruz Grande.

Eine lange, aber bequeme Wanderung: Nach raschem Aufstieg spazieren wir an einem langgestreckten Bergkamm entlang und erfreuen uns am Ausblick auf den spiegelglatten Chira-See sowie die kiefernbewachsenen Schluchten. Besonders attraktiv ist der Schlußabschnitt, der langsame Abstieg von der Paßhöhe Cruz Grande nach San Bartolomé. Stufen und Steinmauern schützen den gepflegten Königspfad wirkungsvoll vor der Erosion. Über Kiefernbäume blicken wir hinab auf ein von gewaltigen Steilwänden eingefaßtes Tal und hören dabei das emsige Klopfen des Picapinos, eines Vogels mit rotem Bauch und auffälliger Haube. Über aufgelassene Mandel- und Obstanpflanzungen erreichen wir nach gut 4 Stunden San Bartolomé de Tirajana, das von vielen Bewohnern gern auch mit seinem altkanarischen Namen ›Tunte‹ bezeichnet wird.
Wir gehen von **Cercados de Araña** am Ostufer des Chira-Sees entlang und erreichen nach ca. 2 km die Staumauer. Dort befindet sich eine Herberge und ein Campingplatz der Umweltbehörde (vorherige Anmeldung erforderlich). Kurz darauf verwandelt sich die Straße in eine Piste, die uns südwärts in 10 Minuten zu einer Kreuzung auf der Ebene Llanillo de los Pérez führt. Hier biegen wir links ab in eine aufwärtsführende Piste, von der nach weiteren 20 Minuten links unser Camino Real abzweigt. Vor uns sehen wir den Morro de la Hierba Huerto (1319 m), zu dem sich der Weg in vielen Serpentinen emporschraubt. An einer Gabelung halten wir uns links, im weiteren Verlauf

höhehaltend auf Nordostkurs. Der breite Weg führt durch lichten Kiefernwald, 200 m unter uns der bläulich schimmernde Stausee. Zwei Einsattelungen laden zur Rast ein und eröffnen interessante Ausblicke erst auf das Dorf Cercados de Araña, dann über langgestreckte Barrancos bis zu den Dünen von Maspalomas. Kurz hinter der zweiten Degollada bietet eine zur Rechten gelegene Höhle Schutz vor plötzlich einsetzendem Regen.
Der Weg wechselt nun auf die rechte Seite des Bergkamms, vor uns das Felsmassiv Morros de las Vacas. Die nächste halbe Stunde wird noch einmal anstrengend, steil geht es aufwärts. Wir ignorieren einen rechts abzweigenden Pfad und gelangen erschöpft zur Piste an der **Degollada del Dinero**. Hier halten wir uns links und gehen am Westhang des Morro de la Cruz Grande entlang. Einen links zu einer Campingzone hinabführenden Weg ignorieren wir. 10 Minuten später sehen wir links unter uns das Forsthaus Cuevas del Pinar. Wir gehen an der Sperrkette vorbei, halten uns rechts und erreichen eine Minute darauf die Straße C-815 (Ayacata – San Bartolomé) an der Paßhöhe **Cruz Grande**.

Mit der ›Garrote‹ wanderten schon die Altkanarier.

Um nach San Bartolomé weiterzugehen, biegen wir rechts in die Straße ein, passieren den Felsdurchbruch und folgen sogleich der rechts abzweigenden, wiederum durch eine Kette für Autos gesperrten Piste. Nach 200 m biegen wir rechts ab auf den von Seitenmauern flankierten, sorgfältig gepflasterten Königspfad und spazieren durch lichten Kiefernwald abwärts – zur Rechten das Felsmassiv Morro de la Cruz Grande, zur Linken das weite Tal von San Bartolomé. Nach 25 Minuten passieren wir eine Quelle, die einem schmalen Seitenbarranco entspringt. Ab dem Felsen El Roquillo, den wir 15 Minuten später passieren, führt der Weg im Zickzack bergab. Wir nähern uns der Gemeindehauptstadt San Bartolomé, die Landschaft wird jetzt von Mandel- und Olivenbäumen geprägt. Bei einer Reihenhaussiedlung gelangen wir zu einer Straße, in die wir halblinks einbiegen. Nach 250 m halten wir uns an der Kreuzung links, um sogleich wieder rechts einzuschwenken. Wir passieren den Friedhof und erreichen nach 5 Minuten das Ortszentrum von **San Bartolomé** mit Pension und vielen Bars.

36 Von San Bartolomé de Tirajana nach Ayagaures

In die karge, afrikanisch anmutende Bergwelt des Südens – mit Anschlußtouren zum Palmitos-Park und zu den Dünen von Maspalomas

San Bartolomé de Tirajana – Degollada de la Manzanilla – Las Tederas – Ayagaures

Ausgangspunkt: San Bartolomé de Tirajana, 887 m (Haltestelle der Buslinie 18).
Endpunkt: Ayagaures, 330 m (mit Taxianschluß Richtung Maspalomas).
Gehzeiten: San Bartolomé – Degollada de la Manzanilla 1¼ Std., Degollada de la Manzanilla – Las Tederas 1¾ Std., Las Tederas – Ayagaures 1¾ Std.; Gesamtzeit 4¾ Std. (15,3 km).
Höhenunterschied: 860 m im Abstieg, 300 m im Aufstieg.
Anforderungen: Bequeme Wanderung auf Piste und gut ausgebautem Weg.
Einkehr: Bars und Restaurants in San Bartolomé, Dorfbar in Ayagaures.
Unterkunft: Pension und Appartements in San Bartolomé.
Varianten: 1. Anschlußwanderungen von Ayagaures zum Palmitos-Park und zu den Dünen von Maspalomas. An der Straßengabelung im Ortszentrum hält man sich rechts, passiert eine Telefonzelle und kurz darauf einen Lebensmittelladen. Man geht einige Minuten aufwärts, dann schwenkt die Piste auf Südkurs und bringt uns in knapp 1 Std. nach kurvenreicher Strecke zum Paso de los Palmitos, dem ›Durchgang‹ zum Nachbartal. Wer zum Palmitos-Park weiterwandern will, überquert den Bergrücken und steigt in die begrünte Palmitosschlucht hinab; vorbei am bekannten Tennishotel erreicht man in 15 Min. den Vogelpark und die Bushaltestelle der Linien 45 und 70 (1¼ Std., 3,8 km). Wer hingegen den langen, aber bequemen Weiterabstieg nach Maspalomas auf sich nehmen will (auf Piste und wenig befahrener Asphaltstraße, stark der Sonne ausgesetzt), der bleibt am Paso de los Palmitos auf der südwärts führenden Piste und erreicht nach insgesamt 1¾ Std. Monte León, einen bekannten Villenort. Hier wechselt man über auf Asphalt und passiert nach 45 Min. den Weiler Montaña de la Data, wo man sich im Restaurant El Labrador stärken kann. Die Touristenurbanisationen des Südens kommen nun rasch näher: rechts die kanarische Siedlung El Tablero, weiter südlich das Straßengewirr von Maspalomas (4½ Std., 18 km ab Ayagaures).
2. Die Anschlußwanderung in östlicher Richtung nach Arteara (ca. 15 km, 4 Std.) ist gleichfalls nur über Piste möglich. In vielen ermüdenden Kehren umläuft sie die Hänge der Täler Vicentes, Vicentillos, Fataga und führt – von wenigen grünen Ausnahmen abgesehen – durch karges, trockenes Ödland. Im Schlußteil passiert man die Trümmerfelder eines altkanarischen Friedhofs. An den Weiler Arteara ist eine Kamelsafari-Farm angeschlossen, über die Straße (Buslinie 18) kommt man nordwärts nach Fataga, südwärts nach Maspalomas.

Nachdem wir eine aussichtsreiche Paßhöhe erklommen haben, steigt der Wanderweg beharrlich gen Süden hinab. Nur anfangs noch begleitet uns Kiefernwald, später finden wir immer seltener Schutz vor der sengenden Sonne. Im Barranco de la Data passieren wir den Weiler Las Tederas – eine idyllische Oase mit Palmen und Obstbäumen. Danach legen wir weite Strekken zurück, ohne einem Menschen zu begegnen. Die Schluchten sind karg,

San Bartolomé de Tirajana
El Morisco
Los Sitios
Morro de la Cruz Grande
1539
Morro de las Cruzes
Degollada del Dinero
Degollada de Rociana
Lomo de los Morales
Degollada de Llano Hidalgo
Morros de las Vacas
1433
Casas Blancas
Los Bailaderos de Abajo
Degollada de la Manzanilla
Ingenio de Santa Lucía
Degollada de la Umbria
Fuente Grande
Almácigo
Pino de Pilancones
Montaña Negra
1075
Lomo del Guardia
Los Sitios
Fataga
Las Tederas
Los Llanos
Lomo de Pajarcillo
Los Pinillos
Degollada de Yegua
Fuente Cañada de Names
Casas de Taginastal
Presa de Fataga
La Caldereta
Amurga
1131
Montaña Alta
Lomo de los Vicentes
Fuente de la Taitabilla
Montaña del Ray
Fuente de la Piedra del Miedo
Puntón del Garito
Hoyo Grande
Casas de Ayagaures Alto
Embalse de Gambuesa
Los Caseronas
Degollada del Gigante
Embalse de Ayagaures
Alto de la Cogolla
Puercos
1001
Ayagaures
Artedara
Fuente de los Juncos
Lomo de la Aceitenillo
Embalse de Ayagaures
Los Castillejos
Gitagana
Degollada Ancha
Ladera de los Pinos
Barranco
Palmitos
Maspalomas
Punta de la Cogolla
0
1000m

Mannshohe Wolfsmilchgewächse säumen den Weg.

wasserspeichernde Pflanzen wie Tabaiba und Tajinaste bestimmen das Landschaftsbild. In mannshohen Sträuchern präsentiert sich die Euphorbia canariensis; ihre schlanken und dornigen Arme erinnern an die Form eines Kerzenlüsters, weshalb sie auch ›Kandelaberwolfsmilchgewächs‹ genannt wird. Altkanarier nutzten ihre ätzende Flüssigkeit, um Fische zu betäuben, aber auch, um die Toten zu mumifizieren.
An der Bar Santiago in **San Bartolomé** folgen wir der schmalen, aufwärtsweisenden Straße, halten uns dann sogleich links und gehen auf der südwärts verlaufenden Straße am Sportplatz vorbei. Hinter der Sportanlage biegen wir rechts in eine Erdpiste ein. Sie wird von den Einheimischen Camino del Pinar (Weg der Kiefer) genannt, wird allerdings heute vornehmlich von Mandelbäumen, Zistrosen und Agaven gesäumt. Nach 200 m schwenkt die Piste nach links, führt eindrucksvoll am Osthang des Morro de las Vacas entlang. In Serpentinen heftet sie sich an den Steilhang, ist zeitweise steingepflastert und durch Seitenmauern gestützt. Nach 2,3 km passieren wir rechts eine Quelle (Fuente del Solapón), nach weiteren 850 m erreichen wir die **Degollada de la Manzanilla**. Im Westen sehen wir das zerklüftete Relief des Morro de la Hierba Huerto, ostwärts schauen wir zu den Tälern von Fataga und Tirajana.

Unsere Piste vereinigt sich mit einem rechts von Cruz Grande kommenden Weg (vgl. Variante Tour 24) und führt weiter in südlicher Richtung. Nach 650 m biegen wir rechts in einen von Seitenmauern gesäumten Weg, der uns in weiten Kehren abwärts führt. Er kreuzt eine Piste und verläuft danach parallel zu einem Talbett. Am Fuß des Berges Montaña Negra erhebt sich der ›Pino de Pilancones‹, ein ungewöhnlich mächtiges Kiefernexemplar von 50 m Höhe und 5 m Durchmesser, in dessen Schatten man gern eine Verschnaufpause einlegt. Unterhalb von Felswänden setzt sich der Weg zur Degollada de la Umbría fort, wo man einen interessanten Ausblick auf **Las Tederas** hat: Der Weiler liegt inmitten einer hundertjährigen Palmenoase, seine Häuser mit Satteldach, Holzbalkonen und Terrassen bewahren Elemente typisch kanarischer Architektur. Unser Weg ist nun steingepflastert und führt in sanften Kehren – vorbei an Obstgärten und verlassenen Feldern – zum Dorf hinab. Viele seiner ehemaligen Bewohner arbeiten heute in den Touristenstädten des Südens. Nur am Wochenende kommen einige von ihnen zurück, um Orangen und Zitronen zu ernten.
In Las Tederas überqueren wir das Talbett und laufen die nächsten 6,8 km auf der Piste nach Ayagaures hinab. Wir kommen rechts vorbei an den Weilern Taginastal und Ayagaures Alto, letzterer in attraktiver Lage über dem Stausee Gambuesa. Unser Weg endet an der Staumauer des Sees **Ayagaures**, in der Dorfbar stärken wir uns mit kühlem Getränk.

Die Dünen von Maspalomas.

Stichwortverzeichnis

Die Zahlen hinter den Begriffen geben die Seitenzahlen an.